LIDERANÇA E PROPÓSITO
FÉ, FOCO E FORÇA

Editora Appris Ltda.
1.ª Edição - Copyright© 2025 dos autores
Direitos de Edição Reservados à Editora Appris Ltda.

Nenhuma parte desta obra poderá ser utilizada indevidamente, sem estar de acordo com a Lei nº 9.610/98. Se incorreções forem encontradas, serão de exclusiva responsabilidade de seus organizadores. Foi realizado o Depósito Legal na Fundação Biblioteca Nacional, de acordo com as Leis nos 10.994, de 14/12/2004, e 12.192, de 14/01/2010.

Catalogação na Fonte
Elaborado por: Josefina A. S. Guedes
Bibliotecária CRB 9/870

B277l
2025
	Barros, Adão
	   Liderança e propósito: fé, foco e força / Adão Barros. – 1. ed. – Curitiba: Appris: Sauvé, 2025.
	   109 p. ; 21 cm.
	
	   ISBN 978-65-250-7800-7
	
	   1. Liderança. 2. Lealdade. 3. Sonhos. I. Título.
	
	                                        CDD – 158.4

Appris
editorial

Editora e Livraria Appris Ltda.
Av. Manoel Ribas, 2265 – Mercês
Curitiba/PR – CEP: 80810-002
Tel. (41) 3156 - 4731
www.editoraappris.com.br

Printed in Brazil
Impresso no Brasil

ADÃO BARROS

LIDERANÇA E PROPÓSITO
FÉ, FOCO E FORÇA

Curitiba, PR
2025

FICHA TÉCNICA

EDITORIAL	Augusto Coelho
	Sara C. de Andrade Coelho
COMITÊ EDITORIAL	Brasil Delmar Zanatta Junior
	Estevão Misael da Silva
	Gilcione Freitas
	Luis Carlos de Almeida Oliveira
	Viviane Freitas
CURADORIA DE CONTEÚDO E IMPACTO COMERCIAL	Marli C. de Andrade
SUPERVISORA EDITORIAL	Renata C. Lopes
PRODUÇÃO EDITORIAL	Maria Eduarda Pereira Paiz
REVISÃO	Viviane Maria Maffessoni
DIAGRAMAÇÃO	Amélia Lopes
CAPA	Lívia Weyl
REVISÃO DE PROVA	Alice Ramos

AGRADECIMENTOS

Quero agradecer em primeiro lugar a Deus por 6 décadas de existência. À minha esposa, Regina Guidorzi. Minhas filhas Priscila Samy, Natasha Carolina, Raphaela Fernanda. À minha neta, Selena, e aos meus genros, Marco Aurelio, Robson Luiz, Eduardo Oliveira. Ao meu neto que está por vir, José Eduardo. Ao meu cunhado e padrinho, Elizio Novais. Aos meus irmãos Arnaldo Barros, Abel Barros, Alipio Macedo, Adauto Barros e as minhas irmãs Maria Barros, Ivone Barros e Ana Macedo. A todos os meus sobrinhos e sobrinhas. Sou muito grato e feliz por vocês fazerem parte da história da minha vida. Amo todos vocês. Com muito amor e carinho.

Dedico este livro aos meus pais, Raulino Barros Macedo e Elisia Barros Oliveira (in memoriam). Às minhas irmãs Glafiria Barros Souza e Terezinha Macedo Novais (in memoriam). Ao meu cunhado, Diogenis Ribeiro Novais (in memoriam). À minha primeira professora, Carmelia da Cruz, quem me alfabetizou. À minha sobrinha, Suelene Macedo, e ao meu sobrinho, Emarivaldo Barros. Todas essas pessoas contribuíram muito em minha jornada de vida nessa existência e por elas tenho muita gratidão, amor e carinho.

APRESENTAÇÃO

Olá, querido leitor!

É com imensa alegria e gratidão que lhe dou as boas-vindas a esta jornada transformadora, que se inicia nas páginas deste livro. Ao longo dos próximos capítulos, você será convidado a explorar o fascinante universo da liderança, um tema que, mais do que nunca, se mostra essencial em nossa sociedade contemporânea. A liderança não é apenas uma habilidade desejável; é uma necessidade, uma arte que molda o futuro e define o presente. Portanto, prepare-se para mergulhar em um conteúdo rico, que não só iluminará o seu entendimento sobre o que significa ser um líder, mas também o inspirará a se tornar a melhor versão de si mesmo.

No primeiro capítulo, começaremos definindo o que é, de fato, a liderança. Você verá que ser um líder vai muito além de ocupar uma posição de autoridade: se trata de influenciar, inspirar e guiar pessoas em direção a um objetivo comum. Por meio de exemplos marcantes de figuras históricas como Thomas Edison, Abraham Lincoln e Henry Ford, você perceberá que a liderança é uma jornada que se constrói com coragem, determinação e uma visão clara do futuro. Esses homens não apenas mudaram suas respectivas áreas de atuação, mas também deixaram um legado que perdura até os dias de hoje, provando que a verdadeira liderança é atemporal.

À medida que avançamos, você encontrará uma análise profunda das características que definem um líder eficaz. Visão, empatia e integridade são apenas algumas das qualidades que exploraremos em detalhe. Você terá acesso a exemplos práticos e anedóticos que ilustram como essas características se manifestam no cotidiano de líderes que se destacam. Além disso, discutiremos a diferença entre liderança formal e informal, revelando que cada um de nós possui a capacidade de liderar, independentemente do título que ostentamos.

O papel do líder é multifacetado e, neste livro, vamos explorar as responsabilidades e deveres que vêm com essa função. Você descobrirá como um líder impacta não apenas sua equipe, mas também toda a organização. A comunicação e o feedback serão destacados como ferramentas cruciais, pois um líder eficaz sabe que a clareza na comunicação é fundamental para o sucesso de qualquer empreendimento. Assim, você será encorajado a refletir sobre a importância de ouvir e ser ouvido, construindo um ambiente em que todos se sintam valorizados e motivados.

Ao final deste capítulo, você encontrará uma seção dedicada à reflexão e à prática. A liderança não é um destino, mas uma jornada contínua de desenvolvimento e aprimoramento. Você será desafiado a pensar sobre como pode aplicar os conceitos discutidos em sua própria vida, seja em sua carreira, em sua comunidade ou em suas relações pessoais. Exercícios práticos e perguntas para reflexão pessoal serão oferecidos, incentivando você a se aprofundar no tema e a traçar seu próprio caminho na liderança.

Este livro é mais do que um simples guia; é um convite para que você se torne um agente de mudança, um verdadeiro líder em sua esfera de influência. Ao longo das páginas, espero que você se sinta inspirado a agir, a sonhar grande e a acreditar que a liderança está ao seu alcance. Cada um de nós possui, dentro de si, a capacidade de liderar, e este livro é uma ferramenta que ajudará a desbloquear esse potencial.

Agradeço por permitir que eu faça parte da sua jornada de autodescoberta e crescimento. Estou ansioso para compartilhar com você as lições, as histórias e os insights que moldaram minha própria trajetória como líder. Vamos juntos trilhar este caminho, desvendando os mistérios da liderança e, quem sabe, transformando não apenas nossas vidas, mas também a vida daqueles que nos cercam.

Com carinho e entusiasmo,

Adão Barros

PREFÁCIO

Somos de uma geração que aprendeu a dar valor às pequenas coisas. Nascemos pós-guerra e tivemos uma criação na qual nossos pais tinham um sentimento de que a qualquer momento poderiam ficar na escassez. Os nossos pais nos deram muito mais do que receberam, porque o que receberam foi o mínimo para a sobrevivência. Aprendemos a ver o copo sempre mais cheio, a não olhar o que nos falta, e sim ter gratidão por aquilo que temos. Trabalhamos de sol a sol para ajudar nossos pais em trabalhos duros sem olhar se aquilo nos era apropriado ou não! Esse trabalho nos ajudou a moldar o caráter e nos deu robustez para enfrentar a vida. A vida nos cobra cada centavo pelos erros, pelo aprendizado. O tempo é seu aliado, criando rugas e clareando nossos cabelos. Somos hoje resultado do que vimos, ouvimos e comemos. Não somos mais os jovens de outrora, mas temos a clareza do que queremos para nossa vida, a experiência que os anos acumulou, a sabedoria que a vivência nos deu e o objetivo claro como o dia ensolarado.

Assim é o meu amigo Adão: empresário, palestrante, vendedor, conhecedor de produtos, seja de vestuário, derivados de petróleo, elétricos ou hortifruti e laticínios. Uma inteligência rara, uma simpatia inigualável. Conhece o chão da fábrica, o balcão da loja e a gravata para o discurso. Um sujeito vivido, argumentativo, que vale a pena conhecer. E é um ótimo amigo.

Jovane Mariano

Empresário e investidor.
Conhece Adão desde que foram companheiros
do Rotary Bebedouro Solidariedade.

SUMÁRIO

 # CAPÍTULO 1
O QUE É LIDERANÇA? 17

 # CAPÍTULO 2
O PROPÓSITO COMO MOTOR DA LIDERANÇA 25

 # CAPÍTULO 3
FÉ - A BASE DO SUCESSO 34

 # CAPÍTULO 4
FOCO - MANTENDO A MIRA NO OBJETIVO 41

 # CAPÍTULO 5
FORÇA - RESILIÊNCIA EM TEMPOS DIFÍCEIS 49

 # CAPÍTULO 6
HABILIDADES DE LIDERANÇA EM AÇÃO 56

 # CAPÍTULO 7
A INFLUÊNCIA DO PROPÓSITO NO TRABALHO EM EQUIPE 64

 # CAPÍTULO 8
CRIANDO UM AMBIENTE POSITIVO 71

 # CAPÍTULO 9
A LIDERANÇA EM UM MUNDO DE MUDANÇAS 78

 # CAPÍTULO 10
ALINHANDO VALORES PESSOAIS E PROFISSIONAIS 86

CAPÍTULO 11
CRIANDO UM LEGADO DURADOURO 93

CAPÍTULO 12
CONCLUSÃO – A JORNADA CONTINUA 100

CAPÍTULO 1

O QUE É LIDERANÇA?

No reino interior

Sigamos, pois, as coisas que servem para a paz e para a edificação de uns para com os outros.

(Romanos 14:19)

A liderança é um conceito que ressoa profundamente em nossas vidas, seja no ambiente profissional, nas relações pessoais ou na sociedade como um todo. Mas o que realmente significa ser um líder? Em sua essência, a liderança é a capacidade de influenciar e guiar pessoas em direção a um objetivo comum. É a arte de inspirar, motivar e engajar outros a seguirem um propósito. Quando pensamos em líderes, muitas vezes nos lembramos de figuras icônicas que deixaram suas marcas na história, como Thomas Edison, Abraham Lincoln e Henry Ford. Cada um deles, à sua maneira, exemplificou o que significa liderar com paixão, visão e determinação.

A importância da liderança não pode ser subestimada. Em um mundo em constante mudança, a habilidade de liderar é fundamental para a construção de comunidades coesas e ambientes de trabalhos produtivos. Um líder eficaz é capaz de unir pessoas em torno de uma visão comum, promovendo um senso de pertencimento, propósito e engajamento com os objetivos organizacionais. Essa capacidade transforma ideias em ações e sonhos em realidades.

No ambiente profissional, líderes inspiradores não apenas atingem resultados concretos, mas também cultivam um clima de confiança e colaboração, onde cada membro da equipe se sente valorizado e motivado a contribuir para o sucesso coletivo.

Ao longo da história, aprendemos com as experiências de grandes líderes. Thomas Edison, por exemplo, não foi apenas um inventor, mas um visionário que acreditava no poder da persistência. Sua famosa frase "A genialidade é 1% inspiração e 99% transpiração" nos lembra que o sucesso não é fruto do acaso, mas do esforço contínuo e da determinação. Edison enfrentou inúmeras falhas e desafios em sua jornada, mas sua liderança inabalável e sua fé em suas ideias o levaram a criar inovações que mudaram o mundo.

Outro exemplo inspirador é Abraham Lincoln, que, em tempos de profunda divisão, uniu uma nação em crise. Sua habilidade de ouvir, entender e conectar-se com as pessoas, independentemente de suas diferenças, fez dele um líder admirável. Lincoln nos ensina que a verdadeira liderança vai além da autoridade; ela reside na empatia e na capacidade de se colocar no lugar do outro, buscando sempre o bem comum.

Por fim, temos Henry Ford, que revolucionou a indústria automobilística não apenas com suas inovações tecnológicas, mas também com sua abordagem de liderança centrada nas pessoas. Ele acreditava que os trabalhadores deveriam ser tratados com dignidade e respeito, e isso se refletiu em sua política de salários justos e em um ambiente de trabalho saudável. Ford nos mostra que um líder deve se preocupar não apenas com os resultados, mas também com o bem-estar da equipe.

Esses exemplos históricos nos convidam a refletir sobre o que significa ser um líder em nossos próprios contextos. A liderança é uma jornada contínua de aprendizado e crescimento, e cada um de nós tem a capacidade de liderar, seja em nossa vida pessoal, em nossos relacionamentos ou em nossas carreiras. Neste capítulo, vamos explorar mais a fundo o que define um líder eficaz e como podemos cultivar essas qualidades em nossas próprias vidas.

As características que definem um líder eficaz são muitas e variadas, mas algumas se destacam como essenciais para quem deseja inspirar e guiar os outros. Um líder não é apenas alguém que ocupa uma posição de autoridade; ele é, acima de tudo, uma pessoa que possui uma visão clara e a capacidade de comunicá-la de maneira que ressoe com os outros. A visão é a força motriz que orienta as ações do líder e motiva a equipe a seguir adiante, mesmo diante das adversidades.

A empatia é outra característica fundamental. Um líder eficaz é capaz de se conectar com os membros de sua equipe em um nível emocional, compreendendo suas preocupações, necessidades e aspirações. Essa conexão cria um ambiente de confiança onde as pessoas se sentem à vontade para compartilhar ideias e expressar suas opiniões. Quando um líder demonstra empatia, ele não apenas ganha o respeito de sua equipe, mas também a lealdade e o comprometimento necessários para alcançar objetivos comuns.

A integridade é igualmente crucial. Um líder que age de acordo com seus princípios e valores inspira confiança. A integridade estabelece um padrão ético que guia decisões e ações, demonstrando que um líder não é apenas um chefe, mas alguém que se preocupa genuinamente com o bem-estar de sua equipe e com o impacto que suas decisões têm sobre os outros. Essa transparência e honestidade cultivam um ambiente onde todos se sentem seguros para expressar suas opiniões e contribuir para o sucesso coletivo.

Além disso, a resiliência é uma característica vital em um líder. A capacidade de enfrentar desafios, aprender com os erros e se adaptar a novas situações é essencial em um mundo em constante mudança. Líderes resilientes não desanimam diante de contratempos; pelo contrário, eles veem essas experiências como oportunidades de aprendizado e crescimento. Essa mentalidade não apenas os fortalece, mas também inspira suas equipes a manterem-se motivadas e focadas, mesmo em tempos difíceis.

É importante também destacar a diferença entre liderança formal e informal. A liderança formal é aquela que se baseia em uma posição hierárquica, em que um indivíduo possui autoridade sobre outros devido ao seu cargo. Já a liderança informal surge de maneira mais orgânica, quando uma pessoa, independentemente de sua posição, influencia e inspira os outros por meio de suas ações e comportamentos. Muitas vezes, os líderes informais têm um impacto significativo nas dinâmicas de equipe, pois são vistos como modelos a serem seguidos, mesmo que não ocupem um cargo de liderança oficial.

Um exemplo prático que ilustra essas características pode ser encontrado em um ambiente de trabalho. Imagine um gerente que, ao perceber que sua equipe está desmotivada, decide realizar uma reunião para ouvir as preocupações de cada membro. Ele demonstra empatia ao entender os desafios enfrentados por cada um e, em seguida, compartilha sua visão de como todos podem trabalhar juntos para superar esses obstáculos. Sua integridade se manifesta quando ele admite que não tem todas as respostas, mas está disposto a buscar soluções em conjunto. Essa abordagem não só aumenta a moral da equipe, mas também fortalece os laços de confiança e colaboração.

A liderança é, portanto, uma combinação de características que podem ser desenvolvidas e aprimoradas ao longo do tempo. Cada um de nós tem a capacidade de cultivar essas qualidades em nossas vidas, seja em casa, no trabalho ou na comunidade. Refletir sobre como podemos nos tornar líderes mais eficazes é um passo essencial nessa jornada. Ao adotarmos uma mentalidade de crescimento e estarmos abertos ao aprendizado contínuo, não apenas impactamos nossas próprias vidas, como também inspiramos aqueles ao nosso redor a se tornarem líderes em suas próprias jornadas.

Ao final deste capítulo, convido você a refletir sobre as características que mais ressoam com você. Quais delas você já possui e quais gostaria de desenvolver? Pense em exemplos de liderança que você admira e como essas qualidades se manifestaram. Anote suas reflexões e considere como pode aplicar esses insights em sua vida diária, tornando-se não apenas um líder, mas também uma fonte de inspiração para os outros.

O papel do líder vai muito além de simplesmente dirigir uma equipe ou tomar decisões. Um líder é um farol que ilumina o caminho e um guia que ajuda os outros a navegarem por mares muitas vezes turbulentos. É fundamental entender que as responsabilidades de um líder são vastas e profundas, abrangendo desde a definição de metas até a motivação diária da equipe. Cada ação, palavra e decisão têm o poder de moldar a cultura e o clima de um ambiente de trabalho.

Um dos deveres mais cruciais de um líder é estabelecer uma visão clara. Essa visão não é apenas um conjunto de metas a serem alcançadas, mas um mapa que orienta todos os membros da equipe em uma direção comum. Um líder eficaz comunica essa visão de forma inspiradora, criando um senso de propósito que ressoa em cada indivíduo. É como um maestro que, com sua batuta, orquestra uma sinfonia, garantindo que todos toquem suas partes de forma harmoniosa. Quando os membros da equipe entendem o "porquê" do que estão fazendo, sentem-se mais engajados e motivados a contribuir.

Além disso, um líder deve ser um comunicador excepcional. A comunicação não se resume apenas a transmitir informações; trata-se de ouvir ativamente, estar presente nas conversas e de criar um espaço seguro onde todos se sintam à vontade para compartilhar suas ideias e preocupações. Um líder que escuta é um líder que aprende. Ao valorizar as vozes de sua equipe, ele não apenas fortalece os laços de confiança, mas também promove um ambiente colaborativo onde a inovação pode florescer.

O feedback é outra ferramenta poderosa nas mãos de um líder. Fornecer feedback construtivo é essencial para o crescimento e o desenvolvimento da equipe. Um líder deve ser capaz de reconhecer as conquistas de seus membros, celebrando os sucessos e, ao mesmo tempo, oferecendo orientações sobre como melhorar. Essa prática não apenas aumenta a moral, mas também ajuda a construir uma cultura de aprendizado contínuo. Um feedback bem dado é como um farol que guia um navio em meio à névoa, ajudando a evitar rochas e perigos.

A responsabilidade é, igualmente, uma parte vital do papel de um líder. Um verdadeiro líder assume a responsabilidade não apenas pelos sucessos, mas também pelos fracassos. Ele não coloca a culpa em outros, mas sim, busca entender o que deu errado e como pode melhorar. Essa postura não apenas inspira respeito, mas também encoraja a equipe a se sentir segura ao assumir riscos e experimentar novas abordagens. Quando um líder demonstra responsabilidade, ele cria um ambiente onde a equipe se sente apoiada e motivada a se esforçar.

Outro aspecto muitas vezes subestimado é a capacidade de um líder de ser um modelo de comportamento. As ações falam mais alto que as palavras, e os membros da equipe observam constantemente o que o líder faz. Um líder que demonstra integridade, ética e compromisso com os valores da organização inspira sua equipe a fazer o mesmo. Essa congruência entre palavras e ações é fundamental para estabelecer credibilidade e confiança.

Por fim, um líder deve ser um agente de mudança. Em um mundo em constante evolução, a habilidade de se adaptar e guiar a equipe por meio de mudanças é essencial. Um líder deve ser capaz de enxergar além do imediato, antecipando desafios e oportunidades que podem surgir no horizonte. Essa visão de futuro, aliada à capacidade de mobilizar a equipe para enfrentar as mudanças, é o que diferencia um líder comum de um líder excepcional.

A liderança é, portanto, uma responsabilidade rica e multifacetada. Ao cultivar essas qualidades e práticas, qualquer pessoa pode se tornar um líder eficaz, capaz de impactar positivamente sua equipe e organização. Neste capítulo, exploramos a essência do papel do líder e como ele pode moldar não apenas o futuro de sua equipe, mas também o de toda a organização. Ao refletir sobre essas responsabilidades, convido você a considerar como pode aplicar esses princípios em sua própria jornada de liderança, tornando-se a inspiração que sua equipe precisa para prosperar.

Refletir sobre a liderança é uma jornada que nos convida a olhar para dentro de nós mesmos e questionar como podemos nos tornar melhores líderes em nossas vidas diárias. A liderança não é uma característica inata, mas uma habilidade que pode ser desenvolvida ao longo do tempo. Essa transformação começa com a autoconfiança e a disposição para aprender e crescer.

Um dos primeiros passos para cultivar a liderança é a autoavaliação. Pergunte a si mesmo: quais são minhas forças e fraquezas? O que me motiva a liderar? Ao entender suas próprias motivações, você pode alinhar suas ações aos seus valores e objetivos. Essa clareza não apenas o ajudará a se tornar um líder mais eficaz, mas também inspirará os outros a seguirem seu exemplo.

A prática da autocompaixão é igualmente importante. Muitas vezes, somos nossos críticos mais duros, e essa autocrítica pode minar a nossa confiança. É importante lembrar que todos cometem erros e que cada falha representa uma oportunidade de aprendizado. Ao se tratar-se com bondade e compreensão, você torna-se mais resiliente e capaz de enfrentar desafios com uma mentalidade positiva.

Além disso, busque feedback. A opinião dos outros é uma ferramenta valiosa para o crescimento pessoal. Esteja aberto a ouvir críticas construtivas e use-as como um guia para melhorar suas habilidades de liderança. Um líder que se mostra receptivo ao feedback demonstra humildade e disposição para evoluir, o que, por sua vez, encoraja sua equipe a fazer o mesmo.

Criar um ambiente propício ao crescimento também é essencial. Isso envolve não apenas o espaço físico, mas também a cultura que se estabelece. Promova um clima de confiança no qual as pessoas se sintam seguras para compartilhar suas ideias e opiniões. Incentive a colaboração e a criatividade, reconhecendo e celebrando as contribuições de cada membro da equipe. Um ambiente positivo não só aumenta a moral, mas também impulsiona a produtividade e a inovação.

Por fim, lembre-se de que a liderança é uma jornada contínua. Nunca há um ponto final, mas sim um processo de aprendizado constante. Envolva-se em leituras, cursos, workshops e outras oportunidades de desenvolvimento pessoal. A busca pelo conhecimento não apenas enriquece sua experiência, mas também demonstra seu compromisso em se tornar um líder melhor.

Ao encerrar este capítulo, convido você a colocar esses princípios em prática. Faça uma lista das qualidades que você gostaria de desenvolver como líder e estabeleça metas específicas para alcançá-las. Lembre-se de que cada pequeno passo conta e, com fé, foco e força, você pode não apenas se tornar um líder eficaz, mas também uma fonte de inspiração para aqueles ao seu redor. A liderança é uma responsabilidade que pode transformar vidas, e você está prestes a embarcar nessa jornada.

CAPÍTULO 2

O PROPÓSITO COMO MOTOR DA LIDERANÇA

Ouçamos atentos

"Mas buscai primeiro o Reino de Deus, e a sua justiça, e todas essas coisas vos serão acrescentadas".

(Mateus 6:33)

A definição de propósito é uma das chaves mais poderosas na jornada de um líder. Muitas vezes, confundimos propósito com metas e objetivos, mas é fundamental entender que o propósito vai além das conquistas tangíveis. Ele é a razão pela qual fazemos o que fazemos, a força que nos impulsiona a seguir em frente, mesmo diante dos desafios. Enquanto as metas podem ser vistas como marcos ao longo do caminho, o propósito é a bússola que nos orienta em nossa jornada.

Um propósito claro é como um farol em uma noite tempestuosa. Ele ilumina o caminho, permitindo que os líderes façam escolhas alinhadas com seus valores e crenças. Quando um líder tem um propósito definido, suas decisões tornam-se mais coerentes e significativas. Isso não apenas aumenta a confiança em suas ações, mas também inspira aqueles ao seu redor. As pessoas são naturalmente atraídas por líderes que demonstram clareza de propósito, pois isso gera um senso de segurança e direção.

Além disso, o propósito é uma fonte de motivação. Em momentos de adversidade, quando os obstáculos parecem intransponíveis, é o propósito que nos lembra por que começamos. Ele nos ajuda a superar as dificuldades, mantendo-nos focados em nossa visão de longo prazo. Líderes que comunicam seu propósito de forma eficaz conseguem não apenas motivar suas equipes, mas também cultivar um ambiente de resiliência e determinação. Quando cada membro da equipe entende e se conecta com o propósito maior, torna-se mais engajado e comprometido com a missão.

A importância do propósito se reflete também na forma como os líderes influenciam suas organizações. Um líder que vive e respira seu propósito é capaz de criar uma cultura organizacional forte, na qual os colaboradores se sentem parte de algo maior. Essa conexão emocional é fundamental para a construção de equipes coesas e produtivas. Quando todos estão alinhados em torno de um propósito comum, a colaboração flui naturalmente, e os resultados tornam-se mais significativos.

Para ilustrar essa ideia, podemos olhar para líderes icônicos que deixaram um legado duradouro. Thomas Edison, por exemplo, não apenas inventou a lâmpada elétrica; ele tinha um propósito claro de iluminar o mundo. Essa missão o levou a persistir em suas investigações, mesmo quando enfrentou fracassos. A paixão de Edison pelo seu propósito não apenas transformou sua vida, mas também impactou gerações, demonstrando que a luz que ele trouxe ao mundo foi o reflexo de um propósito maior.

Da mesma forma, Abraham Lincoln, em meio à turbulência da Guerra Civil Americana, manteve o foco na preservação da união do país. Seu propósito de preservar a união e promover a igualdade guiou suas decisões e ações, permitindo-lhe enfrentar desafios monumentais com coragem e determinação. Lincoln nos ensina que um propósito forte pode ser um poderoso motivador, capaz de unir pessoas em tempos de crise.

Henry Ford, por sua vez, revolucionou a indústria automobilística com um propósito claro: tornar o automóvel acessível a todos. Ele acreditava que a mobilidade poderia transformar vidas e, assim, dedicou-se a criar um modelo de produção que tornasse isso possível. O impacto de seu propósito não se limitou apenas aos automóveis; ele transformou a maneira como as pessoas viviam e trabalhavam, demostrando que um líder com um propósito claro pode mudar o mundo.

Neste capítulo, convidamos você a refletir sobre o seu propósito. O que o motiva? Quais são suas paixões e crenças mais profundas? Ao se engajar nessa reflexão, você poderá começar a moldar a sua própria jornada de liderança. O propósito não é algo que encontramos de uma vez; é uma descoberta contínua, um processo que se desenvolve à medida que vivemos e aprendemos.

Identificar e cultivar um propósito pessoal é uma prática que pode transformar não apenas a sua vida, mas também a vida daqueles ao seu redor. Ao alinhar suas ações ao seu propósito, você se tornará um líder mais autêntico, capaz de inspirar e guiar os outros em direção a um futuro mais brilhante. Portanto, reserve um tempo para se perguntar: qual é o seu propósito? Como ele pode orientar suas decisões e ações como líder? Ao buscar essas respostas, você dará um passo importante em direção a uma liderança mais significativa e impactante.

O propósito é a força motriz que impulsiona a liderança, e compreender sua essência é fundamental para qualquer líder que deseje deixar um legado significativo. Quando falamos de propósito, não estamos nos referindo apenas a metas ou objetivos a serem alcançados. Propósito é a razão pela qual fazemos o que fazemos; é a motivação profunda que nos leva a agir e a inspirar aqueles ao nosso redor. Em um mundo repleto de distrações e incertezas, ter um propósito claro é como ter uma bússola que nos orienta, mesmo nas tempestades mais intensas.

Um líder que possui um propósito definido não apenas direciona suas ações, mas também influencia a cultura e a dinâmica de sua equipe. Esse líder se torna um farol, guiando os outros em direção a um objetivo comum, no qual cada membro se sente parte de algo maior. Imagine uma equipe de profissionais trabalhando em um projeto desafiador. Se todos compartilham um propósito claro, sentem-se motivados a colaborar, superar obstáculos e celebrar conquistas coletivas. Essa unidade é essencial para o sucesso, pois transforma o trabalho em equipe em uma experiência enriquecedora e gratificante.

Tomemos como exemplo a vida de Thomas Edison. O inventor não se limitou a criar produtos; ele tinha um propósito claro: melhorar a qualidade de vida das pessoas por meio da inovação. Essa visão o levou a trabalhar incansavelmente, mesmo diante de fracassos e críticas. Edison acreditava que cada erro era uma oportunidade de aprendizado, e essa mentalidade resiliente o ajudou a persistir até alcançar suas invenções mais notáveis, como a lâmpada elétrica. Seu propósito não apenas guiou suas ações, mas também inspirou uma geração de inventores e empreendedores a seguir seus passos.

Da mesma forma, Abraham Lincoln, em meio à divisão e à crise, tinha um propósito inabalável: unir a nação e promover a igualdade. Sua liderança foi marcada por um compromisso profundo com os valores de liberdade e justiça. Lincoln não apenas falava sobre seus ideais; ele os vivia em suas decisões e ações. Essa congruência entre seu propósito e suas práticas de liderança fez dele um exemplo duradouro de como um líder pode impactar a sociedade. Ao se manter fiel a seu propósito, Lincoln não apenas enfrentou adversidades, mas também deixou um legado que ressoará por gerações.

Henry Ford, por sua vez, revolucionou a indústria automobilística não apenas com inovações tecnológicas, mas com um propósito claro de democratizar o transporte. Ele acreditava que todos deveriam ter acesso a um carro, e essa visão moldou suas decisões empresariais. Ford não se preocupou apenas com os lucros; ele dedicou-se a criar um ambiente de trabalho justo e a oferecer salários que permitissem que seus funcionários vivessem dignamente. Essa abordagem não só beneficiou sua empresa, mas também transformou a vida de milhares de trabalhadores, demostrando que um propósito forte pode gerar um impacto positivo na comunidade.

Esses exemplos nos lembram que o propósito não é apenas uma ideia abstrata, mas uma força que molda realidades. Para um líder, ter um propósito claro significa estar disposto a enfrentar desafios e a tomar decisões difíceis, sempre alinhadas aos seus valores e crenças. A ética e a responsabilidade tornam-se inseparáveis do propósito, pois um líder que age de acordo com seu propósito inspira confiança e lealdade em sua equipe.

Neste contexto, é importante refletir sobre como podemos cultivar nosso próprio propósito. O que nos motiva? Quais são os nossos valores fundamentais? Ao responder a essas perguntas, podemos começar a traçar um caminho que não apenas nos guiará em nossas jornadas pessoais, mas também nos permitirá inspirar os outros a seguir seus próprios caminhos. O propósito é uma jornada contínua, e cada passo dado em direção a ele é uma oportunidade de crescimento e aprendizado.

Portanto, convido você a se aprofundar em sua própria busca por propósito. Dedique um tempo para refletir sobre suas experiências, paixões e aspirações. Anote suas descobertas e pense em como elas podem ser traduzidas em ações concretas em sua vida e liderança. Lembre-se de que, ao alinhar suas ações ao seu propósito, você não apenas se torna um líder mais eficaz, mas também uma fonte de inspiração para aqueles que o rodeiam. A jornada do propósito é uma jornada de transformação, e cada um de nós tem a capacidade de deixar uma marca significativa no mundo.

O impacto do propósito na tomada de decisões é um aspecto fundamental que não pode ser subestimado. Quando um líder possui um propósito claro, suas escolhas se tornam mais coerentes e alinhadas com seus valores e objetivos. Essa clareza não apenas facilita a tomada de decisões, mas também gera um efeito cascata que influencia toda a equipe. Os membros da equipe se sentem mais seguros e motivados a seguir o líder, pois percebem que suas ações estão fundamentadas em uma visão maior.

Vamos considerar um exemplo prático para ilustrar essa dinâmica. Imagine um líder de uma equipe de vendas que tem como propósito não apenas atingir metas financeiras, mas também proporcionar um serviço excepcional ao cliente. Quando esse líder se depara com a decisão de pressionar sua equipe para aumentar as vendas a qualquer custo ou priorizar a experiência do cliente, a clareza de seu propósito a ajuda a escolher o caminho que melhor reflete seus valores. Ele opta por incentivar a equipe a construir relacionamentos duradouros com os clientes, mesmo que isso signifique sacrificar algumas vendas imediatas. Essa decisão não só fortalece a reputação da empresa, mas também gera lealdade entre os clientes, resultando em um crescimento sustentável a longo prazo.

A relação entre propósito, ética e responsabilidade é intrínseca. Um líder que age de acordo com um propósito definido não apenas toma decisões éticas, mas também assume a responsabilidade por suas ações e suas consequências. Essa postura é vital em um mundo onde as escolhas nem sempre são fáceis e as pressões externas podem levar a decisões precipitadas. Líderes que se comprometem com seu propósito são mais propensos a considerar o impacto de suas decisões sobre a equipe, a comunidade e o ambiente.

Por exemplo, um líder de uma organização sem fins lucrativos que se dedica a combater a pobreza pode enfrentar a tentação de aceitar doações de fontes que não estão alinhadas com seus princípios éticos. No entanto, ao manter um propósito claro de promover a dignidade e o respeito, esse líder opta por recusar essas doações, mesmo que isso signifique uma perda financeira imediata. Essa decisão não apenas reafirma a integridade da organização, mas também inspira outros a se comprometerem com a missão.

Além disso, o propósito pode servir como um poderoso motivador em tempos de crise. Quando surgem desafios, é comum que a equipe se sinta desmotivada e perdida. Contudo, um líder que comunica seu propósito de forma eficaz pode reacender a chama da motivação. Ao lembrar a equipe do "porquê" de seu trabalho, o líder não apenas reforça a importância de suas contribuições, mas também ajuda a criar um senso de pertencimento e resiliência.

Um exemplo disso pode ser visto em empresas que enfrentaram crises financeiras. Líderes que conseguiram manter a equipe unida e focada ao propósito, mesmo diante das dificuldades, foram capazes de transformar desafios em oportunidades. A comunicação constante do propósito e a ênfase na visão de longo prazo ajudaram a equipe a se manter engajada e comprometida, resultando em soluções inovadoras e na superação da crise.

Portanto, o impacto do propósito na tomada de decisões é profundo e abrangente. Ele não apenas orienta as escolhas do líder, mas também molda a cultura da equipe e a forma como todos enfrentam os desafios. Ao cultivar um propósito claro e comunicá-lo de maneira eficaz, os líderes têm o poder de transformar suas organizações, inspirar suas equipes e deixar um legado duradouro. Nesse caminho, é essencial que cada líder reflita sobre seu próprio propósito e como ele pode guiar suas decisões, especialmente em momentos de incerteza. É por meio dessa reflexão que se torna possível não apenas liderar com eficácia, mas também inspirar outros a fazerem o mesmo, criando um ciclo virtuoso de liderança e propósito.

Cultivar um propósito pessoal é uma jornada íntima e transformadora, que começa com a autoexploração. Para muitos, essa descoberta pode parecer um desafio, mas é fundamental entender que o propósito não é algo que se encontra de uma vez; é um processo contínuo. Comece fazendo perguntas a si mesmo: O que realmente me motiva? Quais são as minhas paixões? O que eu valorizo na vida? Essas reflexões são essenciais para identificar o que realmente importa para você.

Uma prática poderosa para ajudar nessa jornada é a escrita. Reserve um tempo para anotar seus pensamentos e sentimentos. Crie uma lista de suas conquistas e momentos de alegria. Pergunte a si mesmo o que estava fazendo nesses momentos e como se sentiu. Muitas vezes, as respostas se escondem nas experiências que mais nos marcaram. Ao revisitar esses momentos, você pode começar a perceber padrões que indicam o que realmente faz seu coração vibrar.

Além disso, é importante buscar inspiração em histórias de outras pessoas. Ler biografias de líderes que você admira pode proporcionar insights sobre como eles descobriram e cultivaram seus propósitos. O que os motivou? Quais desafios enfrentaram? Como superaram as dificuldades? Essas narrativas podem servir como guias e motivadores em sua própria busca.

Outra estratégia eficaz é o alinhamento entre seus valores pessoais e suas ações. Pergunte-se: estou vivendo de acordo com o que acredito? Muitas vezes, a desconexão entre nossos valores e nossas ações pode levar a sentimentos de insatisfação e falta de propósito. Ao alinhar suas atividades diárias com seus valores, você começa a criar uma vida mais autêntica e significativa.

Em tempos difíceis, ter um propósito claro pode ser um poderoso motivador. Quando os desafios surgem, é fácil perder o foco e a motivação. No entanto, ao lembrar-se do seu propósito, você pode encontrar a força necessária para continuar. Pense em como seu propósito pode guiá-lo em momentos de adversidade. Ele pode servir como um farol, iluminando o caminho e lembrando-o do que é realmente importante.

Lembre-se também de que o propósito não precisa ser grandioso ou monumental. Muitas vezes, pequenas ações podem ter um impacto significativo. O mais importante é que essas ações estejam alinhadas com o que você acredita e deseja alcançar. Ao cultivar um propósito pessoal, você torna-se um líder não apenas em sua vida, mas também na vida daqueles ao seu redor. Inspire-os a buscar seus próprios propósitos e a se unirem em torno de uma missão comum.

Neste capítulo, convido você a comprometer-se com essa jornada de autodescoberta. Reserve um tempo para refletir sobre suas experiências, valores e paixões. Ao fazer isso, você não apenas se tornará um líder mais eficaz, mas também uma fonte de inspiração para aqueles que o rodeiam. A busca pelo propósito é uma jornada rica e gratificante, e cada passo dado nessa direção é uma oportunidade de crescimento e transformação.

CAPÍTULO 3

FÉ – A BASE DO SUCESSO

Não confundas

Todo aquele que nele crer não será confundido.

(Romanos 10:11)

Compreender a fé é um passo essencial para qualquer líder que busca não apenas alcançar o sucesso, mas também gerar um impacto significativo em sua vida e na vida dos outros. Nesse contexto, fé não se limita a uma crença religiosa; ela se expande para uma confiança inabalável em si mesmo e nas possibilidades que o futuro reserva. Essa confiança é a força motriz que nos permite enfrentar desafios, persistir em nossos sonhos e manter a determinação, mesmo quando as circunstâncias parecem adversas.

A fé é como uma semente plantada em solo fértil; ela precisa ser cuidada e nutrida para florescer. Muitas vezes, manifesta-se em momentos de incerteza, quando as dúvidas ameaçam nos paralisar. É nesse cenário que a fé se torna uma poderosa aliada, um lembrete constante de que somos capazes de superar os obstáculos. Quando cultivamos a fé em nossas habilidades e em nosso propósito, criamos um alicerce sólido que nos sustenta em tempos difíceis.

Uma das chaves para cultivar essa fé é a prática da autorreflexão. Pergunte a si mesmo: "O que eu realmente acredito sobre mim e minhas capacidades?" Essa reflexão pode revelar crenças limitantes que precisam ser desafiadas. Ao reconhecer e confrontar essas crenças, você começa a abrir espaço para uma nova narrativa, que enfatiza sua força e potencial. Essa mudança de perspectiva é fundamental para desenvolver uma mentalidade positiva e confiante.

Além disso, a fé não se restringe a um aspecto individual; ela também se irradia para as relações que estabelecemos. Quando um líder demonstra fé em sua equipe, essa confiança é contagiante. Os membros da equipe se sentem valorizados e motivados a dar o seu melhor. Imagine um líder que acredita genuinamente nas capacidades de sua equipe; essa crença cria um ambiente de apoio e colaboração, no qual todos se sentem encorajados a se arriscar e a inovar.

A fé também está intrinsecamente ligada à resiliência. Em momentos de crise, é a fé que nos permite levantar e continuar a lutar. Ela nos lembra do nosso propósito e das razões pelas quais começamos nossa jornada. Quando a adversidade se apresenta, é essencial ter uma visão clara do que queremos alcançar. A fé atua como um guia, ajudando-nos a permanecer focados e determinados, mesmo quando o caminho se torna nebuloso.

Cultivar a fé é um processo contínuo. Buscar inspiração em histórias de superação, seja por meio de livros, documentários ou conversas com pessoas que admiramos, é uma prática valiosa. Essas narrativas nos lembram de que todos enfrentamos desafios e que a fé pode ser um fator determinante para a superação. Ao nos conectarmos com essas histórias, encontramos motivação para acreditar em nossas próprias capacidades.

Neste capítulo, convido você a refletir sobre sua própria fé. Como ela se manifesta em sua vida? Quais são as áreas em que você gostaria de fortalecer essa confiança? Ao explorar essas questões, você pode começar a cultivar uma fé mais profunda em si mesmo e nas possibilidades que o futuro reserva. A fé é a base do sucesso; ela nos impulsiona a agir, a persistir e a superar os desafios que encontramos ao longo do caminho. Ao desenvolver essa confiança, você não apenas se torna um líder mais forte, mas também inspira aqueles ao seu redor a acreditarem em si mesmos e em seus propósitos.

Histórias de fé sempre têm o poder de inspirar e motivar, e isso é especialmente verdadeiro quando falamos de líderes que enfrentaram adversidades e superaram desafios por meio de sua crença inabalável. Vamos explorar como figuras icônicas, como Thomas Edison, Abraham Lincoln e Henry Ford, se destacaram em suas jornadas, movidos pela fé em suas capacidades e propósitos.

Thomas Edison, por exemplo, é frequentemente lembrado por suas inovações e invenções que mudaram o mundo. No entanto, poucos sabem que ele enfrentou mais de mil tentativas fracassadas antes de conseguir criar a lâmpada elétrica. Para Edison, cada falha representava uma oportunidade de aprendizado, pois ele acreditava firmemente que a persistência era a chave para o sucesso. Sua fé em seu propósito de iluminar o mundo o impulsionou a continuar, mesmo quando muitos teriam desistido. Edison costumava dizer: "Eu não falhei. Apenas encontrei 10 mil maneiras que não funcionam." Essa mentalidade resiliente é um exemplo brilhante de como a fé pode ser um motor poderoso na busca por grandes realizações.

Da mesma forma, Abraham Lincoln enfrentou enormes desafios durante sua presidência, especialmente durante a Guerra Civil Americana. A fé de Lincoln em um país unido e igualitário o motivou a lutar contra a opressão e a injustiça. Ele acreditava que a união era essencial para a sobrevivência da nação e trabalhou incansavelmente para promover a igualdade, mesmo quando sua vida estava em risco. Sua famosa declaração de que "um governo do povo, pelo povo e para o povo não perecerá da Terra" reflete a profunda fé que ele tinha em seu propósito e na capacidade de seu povo de superar as adversidades.

Henry Ford, por outro lado, também nos oferece uma lição valiosa sobre fé. Ele acreditava que a mobilidade poderia transformar a vida das pessoas e dedicou sua carreira a tornar os automóveis acessíveis a todos. Ford enfrentou ceticismo e dificuldades financeiras, mas sua fé em seu propósito de democratizar o transporte o levou a criar a linha de montagem, revolucionando a produção em massa. Ele não apenas transformou a indústria automobilística, mas também impactou a sociedade ao permitir que milhões de pessoas tivessem acesso a um meio de transporte que antes era considerado um luxo.

Essas histórias não são apenas relatos do passado; elas nos lembram da importância de cultivar a fé em nossos próprios propósitos. Quando enfrentamos desafios em nossas vidas, é a fé que nos permite permanecer firmes e focados em nossos objetivos. Assim como Edison, Lincoln e Ford, podemos encontrar motivação e força em nossa crença de que somos capazes de superar obstáculos e realizar nossos sonhos.

Portanto, ao refletir sobre sua própria jornada, pergunte-se: qual é o seu propósito? Como você pode cultivar a fé em suas capacidades e na possibilidade de alcançar seus objetivos? Lembre-se de que a fé é uma força poderosa, que pode guiá-lo em tempos difíceis e ajudá-lo a criar um impacto duradouro na vida das pessoas ao seu redor. Ao abraçar essa fé, você não apenas se torna um líder mais forte, mas também inspira aqueles que o acompanham em sua jornada.

A prática da fé em tempos de adversidade é um tema que ressoa profundamente, especialmente quando nos deparamos com desafios que testam nossa determinação e coragem. Em momentos críticos, a fé se torna um farol que ilumina o caminho, guiando-nos por meio das tempestades da vida. É fundamental entender que cultivar essa fé não é apenas uma questão de crença, mas sim um compromisso ativo em manter a confiança em nós mesmos e nas possibilidades que o futuro nos reserva.

Uma das estratégias mais eficazes para fortalecer a fé é a visualização positiva. Imagine-se alcançando seus objetivos, superando obstáculos e vivendo a vida que deseja. Essa prática não só estimula a mente, mas também cria uma conexão emocional com suas aspirações. Ao visualizar seu sucesso, você começa a internalizar essa realidade, tornando-a uma parte de sua narrativa pessoal. É como se você estivesse ensaiando para o grande espetáculo da vida, onde cada cena se desdobra com a certeza de que é possível.

A meditação também desempenha um papel crucial na prática da fé. Ao reservar um tempo para silenciar a mente e se conectar com seu interior, você cria um espaço para a reflexão e a autodescoberta. Durante esses momentos de tranquilidade, é mais fácil acessar sua força interior e relembrar suas motivações. A meditação permite que você observe seus pensamentos e emoções sem julgamento, ajudando a dissipar as dúvidas que podem surgir em tempos difíceis.

Além disso, refletir sobre experiências passadas que reforçam sua confiança é uma prática poderosa. Pense em momentos em que você superou desafios e encontrou soluções criativas. Essas recordações são lembretes tangíveis de sua resiliência e capacidade de enfrentar adversidades. Ao revisitar essas experiências, você não só reforça sua fé em si mesmo, mas também se prepara para lidar com novas situações que possam surgir.

É importante lembrar que a fé não é uma força solitária; ela pode ser nutrida por meio da conexão com os outros. Compartilhar suas lutas e conquistas com amigos, familiares ou mentores cria um ambiente de apoio e encorajamento. Quando você se cerca de pessoas que acreditam em você e em suas capacidades, essa energia positiva se torna contagiante. Juntos, vocês podem enfrentar os desafios com mais confiança e determinação.

Neste capítulo, convido você a adotar essas práticas em sua vida. Experimente a visualização positiva, reserve momentos para meditar e reflita sobre suas experiências passadas. Ao fazer isso, você não apenas fortalecerá sua fé, mas também se preparará para enfrentar qualquer adversidade que possa surgir em seu caminho. A prática da fé é uma jornada contínua, e cada passo que você dá nessa direção é um testemunho de sua coragem e determinação em buscar seus objetivos.

A interseção entre fé e liderança é um tema profundo e inspirador, que revela como a crença inabalável em um propósito pode moldar não apenas a trajetória de um líder, mas também a cultura de uma equipe. Líderes que possuem uma visão clara e uma forte convicção em suas metas e valores têm a capacidade de inspirar e motivar suas equipes de maneiras que vão além da simples gestão de tarefas. Eles criam um ambiente onde a confiança e a segurança são palpáveis, permitindo que cada membro se sinta valorizado e engajado.

Um líder que demonstra fé em sua equipe não apenas acredita nas capacidades de cada um, mas também investe tempo e energia para cultivar um ambiente de apoio. Essa fé se torna contagiante; quando um líder comunica sua crença nas habilidades e no potencial de sua equipe, ele planta as sementes da confiança. Os colaboradores, por sua vez, sentem-se mais motivados a se esforçar, inovar e a superar desafios, sabendo que têm o respaldo de alguém que acredita em seu potencial.

É importante destacar que a fé não é uma força passiva; ela exige ação e compromisso. Um líder que acredita em seu propósito deve estar disposto a demonstrar essa fé por meio de ações concretas. Isso pode incluir o reconhecimento das conquistas da equipe, o incentivo à formação contínua e a criação de oportunidades para que os membros da equipe se destaquem. Quando os líderes investem em suas equipes, eles não apenas reforçam a fé, mas também constroem um laço de lealdade e respeito mútuo.

Além disso, a fé em um propósito comum pode ser um poderoso motivador em tempos de crise. Quando surgem desafios inesperados, é natural que a equipe sinta insegurança e ansiedade.

No entanto, um líder que comunica sua visão de forma clara e consistente pode ajudar a equipe a manter o foco e a determinação. Ele deve lembrar a todos do "porquê" de seus esforços, reforçando a importância do trabalho em equipe e do compromisso com os objetivos coletivos. Essa comunicação eficaz cria um senso de pertencimento e resiliência, permitindo que a equipe enfrente os desafios com coragem.

Um exemplo notável dessa dinâmica pode ser encontrado em empresas que enfrentaram crises financeiras. Líderes que conseguiram manter a equipe unida e focada em seu propósito, mesmo diante de dificuldades, foram capazes de transformar desafios em oportunidades. A comunicação constante do propósito e a ênfase na visão de longo prazo ajudaram a equipe a se manter engajada e comprometida, resultando em soluções inovadoras e na superação da crise.

Neste contexto, convido você a refletir sobre sua própria liderança. Como você pode nutrir a fé em sua equipe? Quais ações concretas você pode tomar para demonstrar sua crença nas capacidades de cada membro? Ao cultivar um ambiente em que a fé seja uma força central, você se tornará um líder mais eficaz e inspirador. Lembre-se de que a fé é uma jornada contínua, e cada passo que você dá nessa direção é um testemunho do impacto positivo que você pode ter na vida das pessoas ao seu redor. Ao abraçar essa responsabilidade, você não apenas se torna um líder mais forte, mas também uma fonte de inspiração e motivação para aqueles que o acompanham em sua jornada.

CAPÍTULO 4

FOCO – MANTENDO A MIRA NO OBJETIVO

Brilhar

"Assim resplandeça a vossa luz diante dos homens, para que vejam as vossas boas obras e glorifiquem a vosso Pai, que está nos céus".

(Mateus 5:16)

O foco é a força que impulsiona um líder em direção ao sucesso. É a habilidade de concentrar sua atenção e esforços em um objetivo específico, evitando as armadilhas das distrações que podem surgir ao longo do caminho. Em um mundo repleto de informações e estímulos constantes, o líder que consegue manter a clareza de propósito é aquele que não apenas alcança suas metas, mas também inspira sua equipe a fazer o mesmo.

Imagine um arqueiro com sua flecha alinhada ao alvo. Cada movimento é calculado, cada respiração é controlada, e a única coisa que importa naquele momento é a precisão do disparo. Assim deve ser a mente de um líder: focada, determinada e imperturbável diante das distrações que possam surgir. A capacidade de direcionar a atenção para o que realmente importa é o que diferencia os líderes bem-sucedidos daqueles que se perdem em meio ao caos.

É importante reconhecer que o foco não é uma habilidade inata, mas sim uma prática que pode ser desenvolvida. Um dos primeiros passos para cultivar essa habilidade é a definição clara de objetivos. Ao estabelecer metas específicas e mensuráveis, você cria um mapa que orienta suas ações e decisões. Pergunte-se: "O que eu realmente quero alcançar?" Essa clareza não só ajuda a manter a motivação, mas também facilita a priorização das tarefas diárias.

No entanto, mesmo com objetivos bem definidos, as distrações sempre estarão à espreita. Em ambientes de trabalho modernos, onde a multitarefa é frequentemente vista como uma habilidade desejável, é fácil perder o foco. Estudos mostram que a multitarefa pode reduzir a produtividade em até 40%. Portanto, é essencial que os líderes reconheçam as armadilhas da distração e desenvolvam estratégias para combatê-las.

Uma técnica eficaz para manter o foco é a utilização de listas de tarefas. Ao criar uma lista com as prioridades do dia, você não apenas organiza suas atividades, mas também evita a sensação de sobrecarga. Cada tarefa concluída traz uma sensação de realização, alimentando a motivação para continuar. Além disso, a técnica Pomodoro, que envolve trabalhar em blocos de tempo com intervalos curtos, pode ser uma ótima maneira de maximizar a produtividade e manter a mente fresca.

A criação de um ambiente propício ao foco também é crucial. O espaço físico em que trabalhamos pode impactar diretamente nossa capacidade de concentração. Ambientes desorganizados e barulhentos podem servir como distrações, enquanto espaços limpos e organizados promovem uma sensação de calma e clareza. Reserve um tempo para organizar seu espaço de trabalho e observe como isso pode melhorar sua capacidade de se concentrar nas tarefas.

Além disso, práticas de meditação e *mindfulness* têm se mostrado eficazes na promoção da concentração. Ao dedicar alguns minutos do seu dia para silenciar a mente e se reconectar com o presente, você pode aumentar sua clareza mental e reduzir a ansiedade. Essas práticas ajudam a criar um estado de consciência que permite que você permaneça focado em seus objetivos, mesmo em meio ao tumulto.

Neste capítulo, convido você a refletir sobre sua própria capacidade de foco. Quais distrações interferem em sua jornada? Quais ferramentas e estratégias você pode implementar para aprimorar sua concentração e alcançar seus objetivos? Adotar uma postura proativa em relação ao foco tornará você não apenas um líder mais eficaz, mas também um exemplo inspirador para as pessoas ao seu redor. Lembre-se de que o caminho para o sucesso é pavimentado com a clareza de propósito e a determinação em manter a mira no que realmente importa.

A jornada em direção ao sucesso não é uma linha reta; é um caminho repleto de curvas, desvios e, muitas vezes, obstáculos inesperados. No entanto, é precisamente nesse cenário que o foco se torna uma ferramenta indispensável. A arte de manter a atenção concentrada em um objetivo específico é o que diferencia os líderes que conseguem transformar desafios em oportunidades. Vamos explorar mais a fundo como desenvolver e manter esse foco, mesmo quando as distrações parecem dominar nosso ambiente.

Primeiramente, é fundamental entender que o foco não é apenas uma técnica; é uma mentalidade. Para cultivar essa mentalidade, é necessário adotar uma abordagem proativa em relação ao gerenciamento do tempo. Isso envolve não apenas planejar o que fazer, mas também definir quando fazer. Uma prática eficaz é o uso de um calendário, no qual você pode alocar blocos específicos de tempo para diferentes atividades. Ao fazer isso, você cria um compromisso consigo mesmo, o que ajuda a manter a responsabilidade e a disciplina.

Além disso, é vital reconhecer que não podemos controlar todas as distrações que surgem em nosso caminho, mas podemos controlar como reagimos a elas. Um dos maiores desafios que enfrentamos no mundo moderno é a constante bombardeio de informações e estímulos. Portanto, desenvolver a habilidade de dizer "não" a atividades que não se alinham com nossos objetivos é uma parte crucial do foco. Isso pode significar recusar convites para reuniões que não são essenciais ou limitar o tempo gasto em redes sociais. Cada vez que você diz "não" a uma distração, está dizendo "sim" ao seu objetivo.

Uma técnica adicional que pode ser extremamente útil é a prática da gratidão. Ao dedicar um tempo para refletir sobre o que você já conquistou e as metas que ainda deseja alcançar, você reforça sua motivação e clareza de propósito. A gratidão ajuda a manter a perspectiva e a lembrar porque você começou sua jornada. Essa prática pode ser tão simples quanto anotar três coisas pelas quais você é grato a cada dia. Essa reflexão diária não só alimenta sua motivação, mas também fortalece sua capacidade de foco.

Outro aspecto importante a considerar é a influência do ambiente físico em nossa capacidade de concentração. Um espaço de trabalho desorganizado pode ser uma fonte constante de distração. Portanto, criar um ambiente que promova o foco é essencial. Isso pode incluir a eliminação de objetos desnecessários, a organização de documentos e a escolha de uma iluminação adequada. Um ambiente limpo e bem organizado não só ajuda a reduzir as distrações, mas também cria uma sensação de calma e clareza mental.

Por fim, lembre-se de que o foco é uma habilidade que se aprimora com a prática. Assim como um atleta treina para melhorar seu desempenho, você também deve dedicar tempo para desenvolver sua capacidade de concentração. Isso pode incluir a prática regular de atividades que exigem foco, como leitura, escrita ou até mesmo exercícios físicos. Com o tempo, você perceberá que sua mente se tornará mais ágil e capaz de se concentrar em suas metas, mesmo em meio ao caos.

Neste capítulo, convido você a refletir sobre sua própria jornada de foco. Quais estratégias podem ser implementadas para aprimorar sua capacidade de concentração? De que forma é possível criar um ambiente que favoreça a clareza e a determinação? Ao adotar essas práticas, você não apenas se tornará um líder mais eficaz, mas também um exemplo inspirador para aqueles que o rodeiam. O foco é uma habilidade poderosa que, quando cultivada, pode levá-lo a conquistas extraordinárias.

Ao abordar a temática do foco, é imprescindível reconhecer que ele não é uma habilidade que se desenvolve da noite para o dia. É um processo contínuo, que exige prática e comprometimento. Para internalizar realmente essa habilidade, precisamos mergulhar em estratégias que possam nos ajudar a manter a atenção no que é essencial, mesmo em meio a um mundo repleto de distrações.

Uma das práticas mais eficazes para aprimorar o foco é a criação de rotinas diárias. Estabelecer horários fixos para realizar tarefas específicas pode ajudar a treinar a mente a se concentrar em uma atividade por vez. Por exemplo, ao definir um período do dia para a leitura ou para o trabalho em projetos, você condiciona sua mente a entrar em um estado de concentração. Essa ritualização não só melhora a produtividade, mas também cria um senso de disciplina que é vital para qualquer líder.

Outro aspecto fundamental é o gerenciamento das redes sociais e das notificações. Em um ambiente onde somos constantemente bombardeados por informações, aprender a silenciar o que não é urgente é um passo crucial. Uma técnica que pode ser extremamente útil é a prática do "digital detox", em que você se compromete a desconectar-se de dispositivos eletrônicos por um período determinado. Essa prática não apenas ajuda a recuperar a clareza mental, mas também permite que você se reconecte com atividades que realmente importam, como a leitura, a meditação ou mesmo um simples passeio ao ar livre.

Além disso, o foco pode ser potencializado por meio da prática da gratidão. Ao final de cada dia, reserve um momento para refletir sobre as conquistas, por menores que sejam. Essa prática não apenas reforça a motivação, mas também ajuda a manter a mente alinhada com o que é positivo. A gratidão tem o poder de transformar a perspectiva, fazendo com que as distrações percam a força diante da clareza do que realmente importa.

A respiração consciente é outra ferramenta poderosa. Durante momentos de estresse ou distração, parar para respirar profundamente pode ajudar a acalmar a mente e a restaurar o foco. Experimente a técnica 4-7-8: inspire contando até quatro, segure a respiração contando até sete e expire contando até oito. Essa simples prática pode ser um divisor de águas, permitindo que você recupere a concentração e siga em frente com determinação.

Por fim, não subestime o poder das pausas. Trabalhar incessantemente sem descanso pode levar à exaustão e à perda de foco. Incorporar pequenos intervalos em sua rotina permite que a mente se recupere e volte a se concentrar com mais clareza. Durante essas pausas, levante, alongue o corpo ou simplesmente respire. Esses momentos de desconexão são essenciais para manter a produtividade ao longo do dia.

Neste capítulo, convido você a implementar essas práticas em sua vida. Qual dessas estratégias, você acha, que pode trazer mais benefícios no seu dia a dia? Ao adotar uma abordagem proativa em relação ao foco, você não apenas se tornará um líder mais eficaz, mas também será um exemplo inspirador para aqueles ao seu redor. Lembre-se de que o foco não é apenas uma habilidade; é um estilo de vida que, quando cultivado, pode levar a conquistas extraordinárias.

A capacidade de manter o foco é uma habilidade que se refina com a prática e a determinação. Assim como um atleta se prepara para uma competição, um líder deve cultivar sua concentração diariamente. Para isso, é vital criar uma rotina que favoreça a produtividade. Isso pode incluir a definição de horários específicos para tarefas importantes, permitindo que sua mente se ajuste e se prepare para o que vem a seguir. Ao estabelecer esses horários, você transforma o ato de trabalhar em um ritual que sinaliza à sua mente que é hora de se concentrar.

Uma estratégia poderosa para reforçar o foco é a utilização de um quadro de visualização. Nesse quadro, você pode colocar imagens e palavras que representem suas metas e sonhos. Essa representação visual serve como um lembrete constante do que você deseja alcançar, mantendo sua mente alinhada com seus objetivos. Quando você se depara com esse quadro diariamente, a motivação para seguir em frente se renova, e a clareza sobre suas metas se torna mais nítida.

Além disso, a prática da gratidão pode ser uma aliada poderosa na jornada de manter o foco. Ao final de cada dia, reserve um momento para refletir sobre o que você conquistou e o que aprendeu. Essa prática não apenas ajuda a manter uma mentalidade positiva, mas também reforça a conexão com seus objetivos. Ao reconhecer suas vitórias, mesmo que pequenas, você alimenta sua motivação e se prepara para o dia seguinte com um espírito renovado.

Por fim, lembre-se de que o foco é uma habilidade que requer paciência e prática. Não desanime diante das distrações que surgem ao longo do caminho. Encare cada desvio como uma oportunidade de aprendizado. Ao adotar essa mentalidade, você se tornará cada vez mais resiliente e capaz de manter a mira no que realmente importa.

Neste capítulo, convido você a refletir sobre suas próprias práticas de foco. Quais mudanças você pode implementar em sua rotina para fortalecer sua capacidade de concentração? Como você pode utilizar ferramentas visuais e práticas de gratidão para se manter alinhado com seus objetivos? Ao adotar essas estratégias, você não apenas se tornará um líder mais eficaz, mas também inspirará aqueles ao seu redor a fazer o mesmo. O foco é a ponte que conecta suas aspirações à realidade, e é por meio dele que você pode transformar sonhos em conquistas tangíveis.

CAPÍTULO 5

FORÇA – RESILIÊNCIA EM TEMPOS DIFÍCEIS

Transformação

*Na verdade, nem todos dormiremos,
mas todos seremos transformados.*

(I Coríntios 15:51)

    A força é uma qualidade que transcende a mera resistência física. Ela se entrelaça com a resiliência emocional e mental, formando a espinha dorsal de um líder verdadeiramente eficaz. Neste capítulo, vamos explorar o que significa ser forte em um mundo repleto de desafios e incertezas. A resiliência, definida como a capacidade de se recuperar rapidamente de dificuldades, é uma habilidade fundamental para líderes que aspirem guiar sua equipe por meio de tempos difíceis.

    Imagine um barco navegando em um mar revolto. As ondas podem ser altas e os ventos desfavoráveis, mas é o capitão que mantém a calma e a determinação quem consegue guiar a embarcação com segurança até o porto. Assim, é a liderança em momentos de crise: a habilidade de permanecer firme, mesmo quando as tempestades da vida ameaçam desviar o curso. A resiliência não é apenas uma resposta a adversidades, mas uma mentalidade que permite ao líder enxergar oportunidades onde outros veem obstáculos.

    Cultivar uma mentalidade resiliente é essencial, e esse processo começa com a autocompreensão. Um líder deve conhecer suas próprias emoções e reações diante das dificuldades. Reconhecer o que o afeta e como isso influencia suas decisões é o primeiro passo para desenvolver a força interna. Ao se tornar consciente de suas vulnerabilidades, você pode transformá-las em fontes de aprendizado e crescimento. Essa jornada de autoconhecimento não só fortalece o líder, mas também cria um ambiente onde a equipe se sente segura para expressar suas próprias lutas e desafios.

Um exemplo inspirador de resiliência é a história de líderes que enfrentaram adversidades extremas. Figuras como Nelson Mandela, que passou anos em prisão, mas nunca perdeu a visão de um futuro melhor para seu país. Sua força não estava apenas em sua resistência física, mas em sua capacidade de manter viva a esperança, mesmo nas circunstâncias mais difíceis. Essa força interior é contagiante e pode inspirar uma equipe inteira a se levantar e lutar por um propósito comum.

Neste bloco, convido você a refletir sobre sua própria definição de força e resiliência. Quais desafios você já enfrentou que exigiram de você uma força extraordinária? Como você pode usar essas experiências para se tornar um líder mais forte e inspirador? Ao explorar essas questões, você começa a construir uma base sólida para a resiliência, não apenas em sua vida, mas também na vida daqueles que você lidera.

A resiliência é uma habilidade que pode ser cultivada e aprimorada ao longo do tempo. Neste capítulo, discutiremos estratégias práticas que você pode implementar em sua vida e liderança. Serão exploradas as histórias de superação que nos mostram que, mesmo diante das maiores adversidades, é possível encontrar a força necessária para seguir em frente e transformar desafios em oportunidades.

Histórias de superação nos ensinam que a força não é apenas uma questão de resistência, mas sim na capacidade de se reerguer e continuar avançando, mesmo quando as circunstâncias parecem desfavoráveis. Vamos explorar três figuras emblemáticas que, por meio de suas experiências, nos mostram como a resiliência pode transformar fracassos em grandes conquistas.

Thomas Edison, um dos inventores mais prolíficos da história, enfrentou uma série de fracassos antes de alcançar o sucesso com a lâmpada elétrica. Ele realizou mais de mil tentativas antes de encontrar o filamento ideal. Muitas pessoas teriam desistido após algumas tentativas frustradas, mas Edison via cada falha como uma oportunidade de aprendizado. Ele costumava dizer: "Eu não falhei. Apenas descobri mil maneiras que não funcionam." Essa mentalidade não apenas o levou a não inventar a lâmpada, mas também a revolucionar a forma como vivemos, mostrando que a persistência é uma das chaves para o sucesso.

Abraham Lincoln, um líder que enfrentou inúmeras adversidades políticas e pessoais, também exemplifica a força da resiliência. Antes de se tornar o 16º presidente dos Estados Unidos, perdeu em várias eleições e enfrentou críticas severas. No entanto, sua determinação em lutar por seus princípios e sua habilidade em aprender com os erros foram fundamentais para sua ascensão ao poder. Ele acreditava que cada derrota era uma lição que o preparava para a vitória. Sua liderança durante a Guerra Civil e sua luta pela abolição da escravidão são testemunhos de como a força interior pode guiar um líder em tempos de crise.

Henry Ford, pioneiro da indústria automobilística, é um exemplo notável de resiliência. No início de sua carreira, enfrentou uma série de falências e reveses. Muitos duvidavam de sua visão de produzir um carro acessível para as massas, mas ele persistiu. Com sua abordagem inovadora de produção em massa, ele não apenas criou o Modelo T, mas também transformou a indústria automobilística como um todo. Ford acreditava que "o fracasso é simplesmente a oportunidade de começar de novo, desta vez de forma mais inteligente." Essa visão o ajudou a superar os desafios e a deixar um legado duradouro.

As histórias de Edison, Lincoln e Ford ilustram que a resiliência é uma qualidade que pode ser cultivada e que cada desafio enfrentado é uma oportunidade para crescer e se fortalecer. Ao refletir sobre as próprias experiências, pergunte-se: quais obstáculos você já superou? Como essas experiências moldaram a pessoa que você é hoje? Ao abraçar suas lutas e aprender com elas, você pode se tornar um líder mais forte e inspirador.

Neste capítulo, convido você a se comprometer a cultivar sua própria resiliência. Quais passos você pode dar para transformar desafios em oportunidades? Lembre-se de que a verdadeira força reside na capacidade de se levantar após cada queda e que, assim como Edison, Lincoln e Ford, você também pode escrever sua própria história de superação.

A resiliência é uma habilidade que se constrói ao longo do tempo, e existem diversas estratégias que podem ser implementadas para fortalecer essa qualidade essencial. A primeira delas é o autocuidado, que é fundamental para manter a saúde emocional, física e mental. Isso envolve práticas como a alimentação saudável, a prática regular de exercícios físicos e a garantia de um sono reparador. Cuidar do corpo fortalece a mente, criando uma base sólida para enfrentar os desafios cotidianos.

Além disso, a meditação e os exercícios de respiração são ferramentas poderosas para cultivar a resiliência. Dedicar alguns minutos do dia para se conectar consigo mesmo, silenciar a mente e focar na respiração pode ajudar a reduzir a ansiedade e aumentar a clareza mental. Experimente a técnica 4-7-8: inspire contando até quatro, segure a respiração contando até sete e expire contando até oito. Essa prática simples pode ser um divisor de águas em momentos de estresse, permitindo que você recupere o foco e a tranquilidade.

Outra estratégia importante é construir uma rede de apoio. Ter pessoas ao seu redor que compartilham valores semelhantes e que estão dispostas a oferecer suporte emocional é fundamental. Essa rede pode incluir amigos, familiares ou colegas de trabalho. Em momentos de dificuldade, saber que você tem alguém com quem contar pode fazer toda a diferença. Portanto, investir em relacionamentos saudáveis e significativos é fundamental para alimentar a motivação e a resiliência.

Ademais, manter um equilíbrio entre a vida pessoal e profissional é essencial. Muitas vezes, o estresse do trabalho pode invadir a vida pessoal, causando desgaste emocional. Reserve tempo para atividades que você ama, que o energizam e que trazem alegria. Isso pode incluir a prática de um hobby, um passeio ao ar livre ou simplesmente momentos de desconexão, nos quais você pode relaxar e recarregar as energias.

Por fim, a prática da gratidão pode ser uma aliada poderosa na construção da resiliência. Ao final de cada dia, reserve um momento para refletir sobre as coisas pelas quais você é grato. Essa prática não apenas ajuda a manter uma mentalidade positiva, mas também reforça sua capacidade de enfrentar desafios. A gratidão cria uma perspectiva de abundância, fazendo com que você se concentre nas coisas boas da vida, mesmo em tempos difíceis.

Neste capítulo, convido você a refletir sobre suas próprias experiências e a identificar quais dessas estratégias você pode implementar em sua vida. Como você pode cuidar melhor de si mesmo? Quais práticas de autocuidado podem ser integradas à sua rotina? Ao adotar uma abordagem proativa em relação à resiliência, você não apenas se tornará um líder mais forte, mas também inspirará aqueles ao seu redor a fazer o mesmo. A força que você cultiva em tempos difíceis será a luz que guiará você e sua equipe por qualquer tempestade que surja em seu caminho.

A força que um líder demonstra em tempos difíceis não é apenas uma questão de resistência. É uma expressão da sua capacidade de se adaptar e se reerguer diante das adversidades. Nesse contexto, a resiliência se torna um pilar essencial que sustenta a liderança eficaz. A verdadeira força se revela não na ausência de dificuldades, mas na habilidade de enfrentar cada desafio com coragem e determinação.

Para um líder, cultivar essa força interna envolve um compromisso contínuo com o autoconhecimento. Conhecer suas próprias emoções, entender suas reações e reconhecer suas limitações são passos cruciais para desenvolver a resiliência. Ao se deparar com um obstáculo, um líder resiliente não se deixa abater. Em vez disso, ele analisa a situação, busca soluções e aprende com cada experiência. Essa mentalidade não apenas fortalece o líder, mas também inspira a equipe a adotar uma postura semelhante.

Um exemplo marcante é a história de J.K. Rowling, autora da série Harry Potter. Antes de alcançar o sucesso, Rowling enfrentou uma série de rejeições e dificuldades financeiras. Em vez de desistir, ela perseverou, acreditando em seu sonho e na força de sua história. Sua determinação não apenas a levou ao sucesso, mas também a transformou em um símbolo de superação para milhões de leitores ao redor do mundo. A resiliência de Rowling exemplifica como a força interna pode abrir portas, mesmo em circunstâncias adversas.

Além disso, a força de um líder se manifesta na sua capacidade de comunicar-se de maneira eficaz, especialmente durante crises. A comunicação clara e transparente é fundamental para manter a confiança da equipe. Um líder que consegue transmitir calma e clareza em momentos de incerteza cria um ambiente onde todos se sentem seguros para expressar suas preocupações e ideias. Isso não apenas fortalece o vínculo entre o líder e a equipe, mas também promove um clima de colaboração e inovação.

Ao refletir sobre sua própria jornada, pergunte-se: como você pode aprimorar sua capacidade de se recuperar de desafios? Quais passos pode dar para se tornar um líder mais forte e inspirador? Ao adotar uma mentalidade resiliente, você não apenas se tornará um exemplo para sua equipe, mas também construirá uma base sólida para enfrentar as tempestades que surgirem em seu caminho.

Neste capítulo, convido você a se comprometer a cultivar sua força e resiliência. Quais estratégias pode implementar para transformar desafios em oportunidades? Lembre-se de que a verdadeira força não reside apenas em resistir, mas em se levantar, aprender e seguir em frente, mesmo quando a jornada se torna desafiadora. Ao fazer isso, você não estará apenas moldando seu próprio destino, mas também inspirando aqueles ao seu redor a fazer o mesmo.

CAPÍTULO 6

HABILIDADES DE LIDERANÇA EM AÇÃO

Cultiva a paz

"E, se ali houver algum filho da paz, repousará sobre ele a vossa paz; e, se não, voltará para vós".

(Lucas 10:6)

A comunicação eficaz é uma das habilidades mais essenciais que um líder pode desenvolver. Em um mundo interconectado e dinâmico, a capacidade de se expressar de forma clara e assertiva não é apenas desejável, mas fundamental para o sucesso. A comunicação vai além das palavras: envolve a maneira como transmitimos nossas ideias, emoções e intenções. Um líder que domina essa arte cria um ambiente onde todos se sentem ouvidos e valorizados, o que, por sua vez, fortalece a equipe como um todo.

Uma das distinções mais importantes a ser feita é entre ouvir e escutar. Ouvir é um ato passivo, enquanto escutar é uma habilidade ativa que requer atenção e empatia. Um líder deve ser um ouvinte atento, capaz de captar não apenas as palavras, mas também os sentimentos e as nuances que acompanham a comunicação. Quando um líder se dedica a escutar, ele demonstra respeito e consideração, criando um espaço seguro para que os membros da equipe se expressem sem medo de julgamento. Essa prática não apenas melhora o moral da equipe, mas também gera uma cultura de confiança e colaboração.

Para aprimorar a comunicação, existem técnicas práticas que podem ser implementadas. A comunicação não violenta, por exemplo, é uma abordagem que promove a empatia e a compreensão. Ao focar nas necessidades e sentimentos de todos os envolvidos, essa técnica ajuda a evitar conflitos desnecessários e a construir relacionamentos mais saudáveis. Imagine um cenário em que um membro da equipe apresenta uma crítica. Em vez de reagir defensivamente, um líder que aplica a comunicação não violenta pode responder com curiosidade e abertura, buscando entender a perspectiva do outro. Isso não apenas resolve a situação de maneira construtiva, mas também fortalece o vínculo entre os colegas.

Além disso, o feedback construtivo é uma ferramenta poderosa que pode ser utilizada para aprimorar a comunicação. Um líder que oferece feedback de maneira clara e respeitosa ajuda sua equipe a crescer e a se desenvolver. Em vez de simplesmente apontar erros, o líder pode destacar o que foi bem feito e, em seguida, sugerir melhorias. Essa abordagem equilibrada não apenas motiva os colaboradores, mas também os encoraja a se engajar ativamente no processo de aprendizado.

Em momentos de crise, a comunicação transparente se torna ainda mais crucial. Um líder que é capaz de comunicar-se de forma clara e honesta em tempos desafiadores mantém a confiança da equipe. A transparência gera um sentimento de segurança, pois os membros da equipe se sentem informados e preparados para enfrentar a situação juntos. Um exemplo disso pode ser observado em empresas que enfrentaram crises financeiras. Líderes que optaram por compartilhar informações relevantes com suas equipes, em vez de esconder a verdade, conseguiram unir seus colaboradores em torno de um objetivo comum: superar a crise. Essa união é vital para a resiliência organizacional.

Neste ponto, convido você a refletir sobre suas próprias habilidades de comunicação. Como você se comunica com sua equipe? Você se considera um ouvinte ativo? Quais técnicas de comunicação pode implementar para melhorar suas interações? Ao explorar essas perguntas, você começa a cultivar uma habilidade que não só beneficiará sua liderança, mas também criará um ambiente de trabalho mais harmonioso e produtivo.

A comunicação eficaz é, sem dúvida, uma habilidade que pode ser aprimorada ao longo do tempo. Neste capítulo, discutiremos as nuances da comunicação e como aplicá-las no dia a dia. Vamos, juntos, descobrir como essa habilidade pode ser um verdadeiro diferencial na sua jornada de liderança, permitindo que você inspire e motive aqueles ao seu redor a alcançar novos patamares de sucesso.

Empatia é uma habilidade fundamental que todo líder deve desenvolver para construir relacionamentos sólidos e eficazes dentro de sua equipe. Ser empático vai além de simplesmente entender o que os outros sentem; trata-se de se conectar com eles em um nível mais profundo, reconhecendo suas emoções e respondendo a elas de forma adequada. Isso cria um ambiente de confiança e respeito mútuo, no qual os membros da equipe se sentem valorizados e motivados a contribuir.

Desenvolver a inteligência emocional é um passo crucial nesse processo. Isso envolve a capacidade de reconhecer e gerenciar as próprias emoções, bem como as emoções dos outros. Um líder com alta inteligência emocional é capaz de lidar com situações desafiadoras de maneira calma e centrada, transmitindo essa serenidade para sua equipe. Essa habilidade não apenas melhora a dinâmica do grupo, mas também ajuda a resolver conflitos de maneira construtiva.

Uma das maneiras mais eficazes de cultivar a empatia é praticar a escuta ativa. Isso significa prestar atenção total ao que a outra pessoa está dizendo, sem interromper ou formular uma resposta enquanto ela fala. Ao fazer perguntas abertas e demonstrar interesse genuíno, você pode criar um espaço seguro para que os membros da equipe compartilhem suas preocupações e ideias. Essa prática não apenas fortalece os laços, mas também promove um ambiente de colaboração e inovação.

Exemplos de líderes que utilizaram a empatia para motivar suas equipes são abundantes. Pense em figuras como Satya Nadella, CEO da Microsoft, que transformou a cultura da empresa ao enfatizar a importância da empatia. Ele acredita que, ao entender e se conectar com os funcionários, é possível criar um ambiente mais inclusivo e inovador. Sob sua liderança, a Microsoft passou a valorizar a diversidade e a inclusão, resultando em um aumento significativo na satisfação e no engajamento dos funcionários.

Além disso, a empatia é uma ferramenta poderosa na resolução de conflitos. Quando surgem desavenças dentro da equipe, um líder empático pode mediar a situação de maneira eficaz, ajudando as partes a se sentirem ouvidas e compreendidas. Isso não apenas acelera a resolução do conflito, mas também fortalece os relacionamentos, pois os membros da equipe percebem que suas preocupações são levadas a sério.

Neste ponto, convido você a refletir sobre sua própria capacidade de empatia. Como você reage às emoções dos outros? Você se considera um bom ouvinte? Quais passos pode dar para aprimorar essa habilidade? Ao explorar essas questões, você começa a cultivar uma liderança mais empática e eficaz, que não apenas beneficia você, mas também transforma a dinâmica da sua equipe.

A empatia não é apenas uma habilidade desejável; é uma necessidade na liderança moderna. À medida que você se compromete a desenvolvê-la, estará não apenas se tornando um líder melhor, mas também criando um impacto positivo e duradouro na vida das pessoas que você lidera. Vamos, juntos, explorar mais sobre como a empatia e a inteligência emocional podem ser aplicadas na prática, transformando a maneira como você se relaciona com sua equipe e alcançando resultados extraordinários.

A tomada de decisão é uma habilidade essencial que todo líder deve dominar para guiar sua equipe com eficácia. O processo decisório não é apenas uma questão de escolher entre opções; envolve uma análise cuidadosa das circunstâncias, um entendimento profundo das consequências e a capacidade de envolver a equipe nesse processo. Cada decisão que um líder toma pode impactar não apenas os resultados imediatos, mas também a moral e a confiança da equipe a longo prazo.

O primeiro passo na tomada de decisão é identificar claramente o problema. Muitas vezes, a pressão do dia a dia pode levar a decisões apressadas, sem uma análise adequada da situação. Um líder eficaz dedica tempo para entender as nuances do problema, buscando informações e perspectivas diferentes. Isso pode envolver conversas com membros da equipe, coleta de dados relevantes e até mesmo a consulta a especialistas. Ao fazer isso, o líder não apenas se prepara melhor para tomar uma decisão informada, mas também demonstra à equipe que valoriza suas opiniões e sua expertise.

Uma técnica poderosa que pode ser utilizada nesse processo é a análise SWOT, que examina as Forças, Fraquezas, Oportunidades e Ameaças relacionadas a uma decisão. Ao mapear esses quatro elementos, o líder pode visualizar melhor os prós e contras de cada opção, facilitando a escolha da melhor abordagem. Por exemplo, ao considerar uma nova estratégia de marketing, o líder pode identificar as forças da equipe, como a criatividade e a experiência, enquanto também reconhece fraquezas, como a falta de recursos financeiros. Com essa visão clara, o líder pode tomar decisões mais estratégicas e fundamentadas.

Além da análise SWOT, o brainstorming é outra técnica eficaz que pode ser aplicada. Essa abordagem envolve reunir a equipe para gerar ideias e soluções criativas em um ambiente colaborativo. Durante uma sessão de brainstorming, todas as ideias são bem-vindas, sem críticas imediatas. Isso não apenas estimula a criatividade, mas também promove um senso de pertencimento e engajamento entre os membros da equipe. Quando todos se sentem parte do processo, a aceitação das decisões tomadas tende a ser maior, resultando em um comprometimento mais forte com a implementação.

Contudo, nem todas as decisões são fáceis. Um líder frequentemente se depara com escolhas difíceis que exigem coragem e integridade. A transparência nesse processo é crucial. Ao comunicar claramente as razões por trás de uma decisão, mesmo que impopular, o líder constrói confiança dentro da equipe. Um exemplo notável é o de Howard Schultz, ex-CEO da Starbucks, que, ao enfrentar a crise financeira, decidiu priorizar o bem-estar dos funcionários, mesmo que isso significasse perdas financeiras no curto prazo. Essa decisão não apenas fortaleceu a lealdade dos colaboradores, mas também resultou em um crescimento sustentável para a empresa a longo prazo.

Neste contexto, convido você a refletir sobre suas próprias experiências de tomada de decisão. Quais métodos você tem utilizado? Você envolve sua equipe nas decisões? Como lida com escolhas difíceis? Ao explorar essas questões, é possível identificar áreas de melhoria e desenvolver uma abordagem mais eficaz e colaborativa para a tomada de decisões.

A prática da tomada de decisão consciente e colaborativa não apenas aprimora a eficácia do líder, mas também fortalece a equipe como um todo. Ao final deste bloco, você será desafiado a aplicar as técnicas discutidas em sua própria prática de liderança. Pense em uma decisão que você precisa tomar e utilize a análise SWOT ou organize uma sessão de brainstorming com sua equipe. Ao fazer isso, você não apenas tomará uma decisão mais informada, mas também cultivará um ambiente de colaboração e confiança que beneficiará todos ao seu redor.

O desenvolvimento de equipes e a delegação eficaz são aspectos cruciais para qualquer líder que deseja não apenas alcançar resultados, mas também cultivar um ambiente de trabalho saudável e produtivo. Um líder que entende a importância do trabalho em equipe sabe que, ao unir forças, é possível superar obstáculos que seriam intransponíveis individualmente. Vamos explorar como um líder pode fomentar um ambiente colaborativo e de apoio, no qual cada membro da equipe se sinta valorizado e motivado.

Um dos primeiros passos para criar um ambiente colaborativo é estabelecer uma cultura de confiança. Isso se inicia com a transparência nas comunicações e a disposição para ouvir as ideias e preocupações de todos. Quando os membros da equipe se sentem seguros para expressar suas opiniões, tornam-se mais engajados e comprometidos com os objetivos comuns. Um exemplo prático disso é a realização de reuniões regulares, nas quais todos têm a oportunidade de compartilhar suas perspectivas e sugestões. Essas reuniões não apenas promovem a inclusão, mas também geram um senso de pertencimento que é vital para o moral da equipe.

A delegação é uma arte que, quando bem executada, pode transformar o potencial de uma equipe. Um líder eficaz sabe que delegar não significa apenas transferir tarefas, mas confiar aos membros da equipe a responsabilidade e a autonomia necessárias para que realizem seu trabalho. Isso não apenas alivia a carga do líder, mas também empodera os colaboradores, permitindo que desenvolvam suas habilidades e se sintam parte integral do processo. Ao delegar, é fundamental que o líder forneça um contexto claro sobre a tarefa, estabeleça expectativas e ofereça suporte contínuo.

Um exemplo inspirador pode ser encontrado na abordagem de Richard Branson, fundador do Virgin Group. Branson é conhecido por sua filosofia de delegação, baseada na confiança em seus colaboradores para tomar decisões e agir. Ele acredita que, ao dar liberdade às pessoas para realizarem seu trabalho, elas se tornam mais criativas e motivadas. Essa confiança mútua não apenas melhora a produtividade, mas também fomenta um ambiente onde a inovação pode florescer.

Além disso, o feedback contínuo é uma ferramenta poderosa para o desenvolvimento profissional. Um líder que investe tempo em oferecer feedback construtivo não apenas ajuda sua equipe a crescer, mas também demonstra que se importa com o progresso individual e coletivo. As avaliações de desempenho devem ser vistas como oportunidades de aprendizado, nas quais os colaboradores podem identificar áreas de melhoria e celebrar suas conquistas. Isso cria um ciclo positivo de desenvolvimento, no qual todos se sentem incentivados a se esforçar cada vez mais.

Neste contexto, convido você a refletir sobre sua própria prática de delegação e desenvolvimento de equipes. Como você pode promover um ambiente mais colaborativo? Quais estratégias de delegação podem ser implementadas para empoderar sua equipe? Ao explorar essas questões, você não apenas aprimora suas habilidades de liderança, mas também contribui para a criação de um ambiente de trabalho no qual todos se sintam valorizados e motivados a alcançar resultados extraordinários.

A habilidade de desenvolver equipes e a arte da delegação são, sem dúvida, competências que podem ser aprimoradas ao longo do tempo. Neste capítulo, discutiremos mais sobre como aplicar essas práticas no dia a dia, permitindo que você se torne um líder que não apenas alcança resultados, mas também transforma vidas ao seu redor. Vamos, juntos, descobrir como essas habilidades podem se tornar um diferencial na sua jornada de liderança, criando um impacto positivo e duradouro nas vidas daqueles que você lidera.

CAPÍTULO 7

A INFLUÊNCIA DO PROPÓSITO NO TRABALHO EM EQUIPE

Escudo

Tomando sobretudo o escudo da fé, com o qual podereis apagar todos os dardos inflamados do maligno.

(Efésios 6:16)

O Poder do Propósito Coletivo

Um propósito coletivo é como uma bússola que orienta e une uma equipe em torno de um objetivo comum. Quando todos os membros de uma equipe compreendem e se identificam com esse propósito, a motivação e a colaboração aumentam exponencialmente. Imagine um grupo de pessoas remando em um barco: se cada um remar em uma direção diferente, o barco não sairá do lugar. Porém, quando todos remam na mesma direção, mesmo que o caminho seja desafiador, a jornada se torna mais fácil e gratificante.

Definir e comunicar claramente o propósito da equipe é o primeiro passo para criar essa sinergia. Um líder eficaz deve ser capaz de articular não apenas o que a equipe precisa alcançar, mas também por que isso é importante. Esse "porquê" é o que cria um laço emocional entre os membros da equipe e os objetivos a serem atingidos. Por exemplo, uma equipe de vendas que entendeu que seu trabalho não se trata apenas de números, mas de ajudar os clientes a resolverem problemas, se sentirá mais engajada e motivada.

Organizações que prosperaram devido a um propósito coletivo forte são exemplos inspiradores. Pense na Patagonia, uma empresa que não apenas vende roupas, mas também se compromete com a preservação do meio ambiente. Os funcionários da Patagonia não trabalham por um salário; eles trabalham por uma causa que acreditam. Esse propósito claro não só atrai talentos que compartilham esses valores, mas também cria um forte senso de pertencimento e lealdade entre os colaboradores.

Além disso, um propósito coletivo ajuda a superar desafios. Durante períodos de crise, equipes que têm um propósito claro tendem a se unir e a encontrar soluções criativas. Quando a pressão aumenta, o propósito atua como um farol que ilumina o caminho a seguir. Um exemplo disso pode ser observado em empresas que enfrentaram crises financeiras. Líderes que comunicaram abertamente o propósito da empresa e como cada membro da equipe poderia contribuir para a recuperação conseguiram unir seus colaboradores em torno de um objetivo comum: a superação da crise.

Neste momento, convido você a refletir sobre o propósito em sua própria equipe. Como você pode articular esse propósito de maneira clara e inspiradora? Quais passos pode dar para garantir que todos os membros da sua equipe se sintam parte desse propósito? Ao explorar essas questões, você começa a cultivar um ambiente onde a colaboração e o comprometimento florescem, transformando a dinâmica da sua equipe e levando-a a novos patamares de sucesso.

O poder do propósito coletivo é inegável. Quando bem definido e comunicado, ele não apenas une as pessoas, mas também as inspira a trabalhar em conjunto, superar obstáculos e alcançar resultados extraordinários. Vamos, juntos, explorar como essa força motivadora pode ser aplicada em sua jornada de liderança, criando um impacto positivo e duradouro na vida daqueles que você lidera.

A liderança é uma jornada que exige coragem, resiliência e, acima de tudo, um propósito claro. Quando olhamos para figuras históricas como Thomas Edison, Abraham Lincoln e Henry Ford, percebemos que o que esses líderes tinham em comum não era apenas a habilidade de inovar ou tomar decisões difíceis, mas a capacidade de articular um propósito que ressoava profundamente com as pessoas ao seu redor.

Thomas Edison, por exemplo, não apenas inventou a lâmpada elétrica; ele teve a visão de iluminar o mundo. Sua paixão por criar soluções que melhorassem a vida das pessoas o levou a enfrentar inúmeras falhas. No entanto, sua persistência foi alimentada por um propósito maior: transformar a maneira como as pessoas viviam e trabalhavam. Ao compartilhar essa visão com sua equipe, ele não apenas os motivou a trabalhar mais arduamente, mas também os inspirou a se tornarem parte de algo maior do que eles mesmos.

Abraham Lincoln, em sua luta pela emancipação dos escravos, utilizou um propósito claro para guiar sua liderança. Ele não buscava apenas a preservação da União, mas também a realização de um ideal de liberdade e igualdade. Sua habilidade de comunicar esse propósito em momentos de crise ajudou a unir o país em torno de uma causa comum, mesmo quando as divisões eram profundas. Lincoln sabia que, ao alinhar sua equipe em torno de um objetivo compartilhado, poderia superar os desafios mais formidáveis.

Henry Ford, por sua vez, revolucionou a indústria automotiva não apenas ao introduzir a linha de montagem, mas também ao criar uma visão de acessibilidade e mobilidade para as massas. Ele acreditava que todos deveriam ter a oportunidade de possuir um carro, e essa crença moldou não apenas sua empresa, mas também a sociedade como um todo. Ford entendia que o propósito não era apenas sobre lucro, mas sobre impactar a vida das pessoas de maneira significativa.

Esses líderes nos ensinam que um propósito claro não é apenas uma declaração de intenções; é uma força motriz que pode moldar a cultura de uma organização, inspirar inovação e promover a resiliência em tempos de crise. Ao refletir sobre sua própria jornada de liderança, pergunte-se: qual é o propósito que guia suas ações? Como você pode articular isso de maneira que inspire sua equipe a se unir em torno de uma visão comum?

Ao longo da história, vemos que líderes que conseguem comunicar um propósito poderoso não apenas alcançam resultados extraordinários, mas também deixam um legado duradouro. Eles transformam desafios em oportunidades e criam um ambiente onde todos se sentem motivados a contribuir. Portanto, ao liderar, lembre-se sempre da importância de um propósito claro. Ele é a luz que orienta o caminho, mesmo nas noites mais escuras.

A dinâmica da colaboração é uma das forças mais poderosas que um líder pode cultivar dentro de sua equipe. Quando um propósito comum é claramente definido e abraçado por todos, a colaboração se torna não apenas uma necessidade, mas também uma fonte de inspiração e motivação. Imagine uma orquestra em que cada músico, ao tocar seu instrumento, não se preocupa apenas em tocar as notas certas, mas também em harmonizar com os outros. Assim é uma equipe que trabalha unida em torno de um propósito: cada membro traz suas habilidades únicas, contribuindo para uma sinfonia de esforços que resulta em grandes conquistas.

Para fomentar essa colaboração, um líder deve implementar práticas que incentivem a comunicação aberta e a troca de ideias. Reuniões de alinhamento, por exemplo, são uma excelente oportunidade para que todos os membros da equipe compartilhem suas perspectivas e contribuam para a construção de soluções coletivas. Essas reuniões devem ser vistas como um espaço seguro, no qual cada voz é valorizada e respeitada. Ao criar esse ambiente, o líder não apenas promove a inclusão, mas também fortalece o vínculo entre os integrantes da equipe, aumentando a coesão e o engajamento.

Outra ferramenta poderosa que pode ser utilizada é a dinâmica de grupo. Atividades que promovem a interação e o trabalho em equipe ajudam a solidificar o propósito comum e a construir relacionamentos mais fortes. Pense em um exercício simples, como um desafio de resolução de problemas, em que a equipe precisa trabalhar junta para encontrar uma solução criativa. Essas experiências não apenas estimulam a criatividade, mas também permitem que os membros se conheçam melhor, desenvolvendo um senso de camaradagem que é fundamental para o sucesso coletivo.

Além disso, o reconhecimento das contribuições individuais é essencial para manter a motivação alta. Um líder que celebra as conquistas de sua equipe, mesmo as pequenas vitórias, demonstra que cada esforço é importante e que todos estão juntos nessa jornada. Isso cria um ciclo positivo de feedback, no qual os membros se sentem encorajados a se esforçar ainda mais, sabendo que seu trabalho é valorizado.

Neste ponto, convido você a refletir sobre como está promovendo a colaboração em sua própria equipe. Quais práticas você pode implementar para incentivar a comunicação aberta? Como pode criar um ambiente onde todos se sintam à vontade para compartilhar suas ideias? Ao explorar essas questões, você não apenas aprimora suas habilidades de liderança, mas também transforma a dinâmica da sua equipe, levando-a a alcançar resultados extraordinários.

A colaboração efetiva, impulsionada por um propósito compartilhado, é uma força transformadora. Quando os membros de uma equipe se sentem conectados a um objetivo comum, eles não apenas trabalham mais arduamente, mas também se apoiam mutuamente ao longo da jornada. Vamos, juntos, aprofundar sobre como essa força motivadora pode ser aplicada na prática, criando um impacto positivo e duradouro nas vidas daqueles que você lidera.

Superar desafios juntos é uma das mais belas demonstrações de força de uma equipe unida pelo mesmo propósito. Quando um grupo enfrenta dificuldades, o que pode parecer uma barreira intransponível se transforma em uma oportunidade de crescimento coletivo. Imagine uma equipe de resgate em uma situação de emergência, em que cada membro precisa confiar no outro e trabalhar em sinergia para salvar vidas. Essa união não acontece por acaso; ela é alimentada por um propósito claro e um compromisso mútuo.

Um exemplo notável é o da equipe de alpinistas que se uniu para escalar uma montanha desafiadora. Durante a expedição, eles enfrentaram condições climáticas adversas e obstáculos inesperados. No entanto, o que os manteve firmes foi a compreensão de que estavam todos ali por um objetivo comum: alcançar o cume e, mais importante, garantir a segurança de cada um. Em momentos de dificuldade, a comunicação aberta e o suporte emocional entre eles foram fundamentais. Cada vez que um membro vacilava, os outros estavam prontos para oferecer palavras de encorajamento, lembrando-o do propósito que os unia.

A resiliência em equipe se manifesta de maneiras sutis, mas poderosas. Quando um membro da equipe se sente desanimado, é a energia e a determinação dos outros que o puxam para cima. É como uma corrente elétrica: quando uma parte falha, a energia ainda flui por meio das outras conexões. Esse é o poder de um propósito compartilhado. Ele não apenas motiva, mas também cria uma rede de apoio que se torna essencial em tempos de crise.

Além disso, o propósito coletivo serve como um guia moral. Ele ajuda a equipe a tomar decisões difíceis, especialmente quando os caminhos a seguir não são claros. Por exemplo, em uma situação em que a equipe deve decidir entre cortar custos ou manter um projeto que não está dando retorno imediato, um propósito bem definido pode orientar essa escolha. Se o foco for ajudar a comunidade, a decisão pode ser pela continuidade do projeto, mesmo que isso signifique sacrifícios a curto prazo. Essa visão de longo prazo fortalece a coesão e a lealdade entre os membros da equipe.

Neste contexto, convido você a refletir sobre como sua equipe enfrenta desafios. Como vocês se apoiam mutuamente? Que papel o propósito coletivo desempenha nas decisões difíceis? Ao explorar essas questões, você poderá identificar maneiras de fortalecer ainda mais a resiliência e a colaboração em sua equipe.

A jornada de superação é uma das mais gratificantes e, quando é feita em conjunto, torna-se uma experiência transformadora. Ao final deste bloco, você será desafiado a pensar em um desafio que sua equipe está enfrentando e a considerar como o propósito coletivo pode ser utilizado para superá-lo. Juntos, vocês podem não apenas enfrentar a adversidade, mas também emergir dela mais fortes e unidos.

CAPÍTULO 8

CRIANDO UM AMBIENTE POSITIVO

Quem segue

"Eu sou a luz do mundo; quem me segue não andará em trevas, mas terá a luz da vida".

(João 8:12)

A Importância do Ambiente Positivo

Imagine entrar em um espaço onde a luz natural flui generosamente, as paredes são adornadas com cores vibrantes e sorrisos acolhedores saúdam cada passo. Esse é o poder de um ambiente positivo. A atmosfera em que trabalhamos não é apenas um pano de fundo; ela molda nossas experiências, influenciando diretamente a produtividade, a criatividade e, acima de tudo, o bem-estar dos colaboradores. Quando o ambiente é saudável e encorajador, as pessoas se sentem valorizadas e motivadas a dar o seu melhor.

Estudos demonstram que um espaço de trabalho positivo não só aumenta a satisfação dos colaboradores, mas também impacta os resultados da empresa de maneira significativa. Empresas como Google e Zappos são exemplos brilhantes de como a cultura organizacional pode ser um diferencial competitivo. O Google, por exemplo, investe em ambientes de trabalho que estimulam a criatividade, oferecendo espaços colaborativos, áreas de descanso e até mesmo refeições gratuitas. Essa abordagem não apenas atrai talentos, mas também mantém os colaboradores engajados e felizes, resultando em inovação constante.

Por outro lado, ambientes tóxicos podem gerar estresse, desmotivação e até mesmo alta rotatividade de funcionários. Quando os colaboradores não se sentem apoiados ou reconhecidos, a lealdade diminui e a produtividade despenca. O impacto disso é claro: empresas que negligenciam o bem-estar de seus colaboradores enfrentam dificuldades em reter talentos valiosos. Por outro lado, colaboradores felizes tendem a permanecer mais tempo em organizações que priorizam seu bem-estar, criando um ciclo positivo de engajamento e resultados.

Além disso, um ambiente positivo também promove a criatividade e a colaboração. Quando os membros da equipe se sentem seguros e respeitados, estão mais propensos a compartilhar ideias, experimentar novas abordagens e se apoiar mutuamente. Pense em uma equipe de designers trabalhando em um projeto inovador. Se eles se sentirem à vontade para expressar suas opiniões e explorar novas possibilidades, o resultado final será muito mais rico e impactante do que se estivessem limitados por um ambiente hostil.

Neste contexto, convido você a refletir sobre o ambiente em que sua equipe trabalha. Quais elementos positivos você pode cultivar? Como transformar o espaço físico e emocional para que ele seja um local de inspiração e colaboração? Ao explorar essas questões, você não apenas aprimora a dinâmica da sua equipe, mas também contribui para um ambiente onde cada colaborador se sinta parte fundamental da missão.

A importância de um ambiente positivo não pode ser subestimada. Ele é a base sobre a qual a produtividade e a satisfação são construídas. Portanto, ao liderar, lembre-se de que o espaço em que sua equipe trabalha deve ser um reflexo dos valores que você deseja cultivar. Um ambiente positivo é mais do que uma questão de estética: é uma estratégia poderosa para alcançar resultados extraordinários e promover o bem-estar de todos.

Estratégias para Promover a Saúde Mental e Física

Criar um ambiente positivo vai além da estética; é uma questão de saúde mental e física. Quando falamos sobre saúde no trabalho, referimo-nos a um estado de bem-estar que envolve não apenas a ausência de doenças, mas também um espaço em que os colaboradores se sentem apoiados e valorizados. Imagine um local de trabalho no qual cada pessoa é incentivada a cuidar de sua saúde mental e física, em que pausas regulares são não apenas aceitas, mas encorajadas. Essa é a essência de um ambiente positivo.

Uma das estratégias mais eficazes que os líderes podem adotar é a implementação de programas de bem-estar. Esses programas podem incluir atividades físicas, como aulas de yoga, meditação ou até mesmo desafios de caminhada. A prática regular de exercícios não só melhora a saúde física, mas também libera endorfinas, conhecidas como hormônios da felicidade. Quando os colaboradores se sentem bem fisicamente, sua produtividade e criatividade aumentam. Pense em como um simples alongamento ou uma caminhada ao ar livre pode revigorar a mente e melhorar o foco.

Além disso, é fundamental promover a importância de pausas regulares durante o dia de trabalho. O conceito de "micropausas" tem ganhado força, incentivando os colaboradores a se afastarem de suas mesas por alguns minutos, permitindo que o cérebro descanse. Essas pausas podem ser momentos para respirar profundamente, tomar um copo d'água ou simplesmente olhar pela janela. Essa prática não só ajuda a reduzir o estresse, mas também melhora a concentração e a clareza mental. Ao implementar essa estratégia, os líderes mostram que se preocupam com o bem-estar de suas equipes.

Outro aspecto crucial é o equilíbrio entre vida profissional e pessoal. Em um mundo cada vez mais conectado, é fácil perder a noção do tempo e trabalhar além do necessário. Líderes eficazes devem incentivar seus colaboradores a estabelecer limites claros, promovendo a ideia de que é perfeitamente aceitável desconectar-se após o expediente. Essa prática não apenas melhora a saúde mental, mas também aumenta a satisfação geral no trabalho. Quando os colaboradores sentem que podem equilibrar suas vidas pessoais e profissionais, tornam-se mais engajados e motivados.

A criação de espaços físicos que favoreçam a saúde também não deve ser negligenciada. Ambientes de trabalho bem projetados, com áreas de descanso e espaços para socialização, são fundamentais. Um ambiente limpo, organizado e ergonomicamente projetado não apenas melhora a produtividade, mas também demonstra que a organização valoriza o conforto e a saúde de seus colaboradores. Pense em como um simples espaço verde ou uma área de descanso pode se tornar um refúgio, onde os colaboradores podem relaxar e recarregar as energias.

Neste contexto, convido você a refletir sobre como sua equipe pode implementar estratégias de saúde mental e física. Que tipo de programas de bem-estar poderiam ser introduzidos? Como garantir que todos se sintam apoiados em suas jornadas pessoais de saúde? Ao explorar essas questões, você não apenas aprimora o ambiente de trabalho, mas também transforma a experiência de cada colaborador, promovendo um espaço onde todos se sintam valorizados e motivados a dar o seu melhor.

Um ambiente positivo é, portanto, um investimento que se reverte em produtividade, criatividade e, acima de tudo, em um time que se sente feliz e realizado. Ao cuidar da saúde mental e física de sua equipe, você não apenas melhora o clima organizacional, mas também constrói uma base sólida para o sucesso coletivo.

A comunicação aberta é um dos pilares fundamentais para a construção de um ambiente positivo e colaborativo. Quando os membros de uma equipe se sentem à vontade para expressar suas opiniões, ideias e preocupações, cria-se um espaço onde a confiança e a transparência podem florescer. Imagine um cenário em que cada colaborador é encorajado a falar livremente, em que a escuta ativa é valorizada e as vozes são respeitadas. Esse tipo de ambiente não apenas promove a criatividade, mas também fortalece o vínculo entre os integrantes da equipe.

Para cultivar essa comunicação aberta, os líderes devem adotar práticas que incentivem a troca de ideias. Reuniões regulares são uma excelente oportunidade para que todos compartilhem suas perspectivas e façam contribuições significativas. No entanto, é crucial que essas reuniões sejam conduzidas de maneira inclusiva, garantindo que todos tenham a chance de se expressar. Um líder que cria um espaço seguro para a expressão não apenas promove a participação, mas também demonstra que valoriza as opiniões de cada membro da equipe.

Além disso, a escuta ativa desempenha um papel vital nesse processo. Quando um líder pratica a escuta ativa, ele demonstra respeito e interesse genuíno pelas preocupações e ideias dos colaboradores. Isso não significa apenas ouvir as palavras, mas compreender o contexto emocional por trás delas. Perguntas abertas podem ser uma ferramenta poderosa para estimular discussões mais profundas e significativas. Ao fazer isso, o líder não apenas obtém insights valiosos, mas também fortalece a conexão com a equipe.

Outro aspecto importante da comunicação aberta é o feedback. Criar uma cultura onde o feedback é visto como uma oportunidade de crescimento, e não como uma crítica, é essencial. Os líderes devem encorajar seus colaboradores a compartilhar feedback construtivo, tanto sobre o desempenho individual quanto sobre a dinâmica da equipe. Essa prática não apenas melhora a eficácia do trabalho, mas também demonstra que todos estão comprometidos com o sucesso coletivo.

Neste contexto, convido você a refletir sobre como a comunicação aberta é promovida em sua equipe. Quais práticas você pode implementar para garantir que todos se sintam à vontade para compartilhar suas ideias? Como cultivar um ambiente onde a escuta ativa e o feedback sejam parte integrante da cultura da equipe? Ao explorar essas questões, você não apenas aprimora suas habilidades de liderança, mas também transforma a dinâmica da sua equipe, levando-a a um novo patamar de colaboração e sucesso.

A comunicação aberta é, portanto, uma ferramenta poderosa que pode transformar a maneira como sua equipe trabalha. Quando as pessoas se sentem ouvidas e valorizadas, elas estão mais propensas a se comprometer com os objetivos da equipe e a contribuir com suas melhores ideias. Vamos, juntos, aprofundar mais sobre como essa prática pode ser aplicada na sua jornada de liderança, criando um impacto positivo e duradouro nas vidas daqueles que você lidera.

O reconhecimento e a valorização das contribuições individuais e coletivas são fundamentais para a construção de um ambiente positivo e produtivo. Imagine um espaço em que cada esforço é notado e celebrado. Um simples "obrigado" ou um reconhecimento público em uma reunião pode ter um impacto profundo na moral da equipe. Quando os colaboradores sentem que suas contribuições são valorizadas, eles se tornam mais engajados e motivados a se esforçar ainda mais.

As práticas de reconhecimento podem variar desde elogios informais até programas estruturados de premiação. Por exemplo, uma empresa pode implementar um "Funcionário do Mês", no qual o colaborador é destacado não apenas pelo desempenho, mas também por suas atitudes que refletem os valores da organização. Essa prática não só reconhece o esforço individual, mas também inspira outros a seguirem o exemplo, criando uma cultura de excelência e colaboração.

Além disso, as celebrações de conquistas, sejam elas pequenas ou grandes, são essenciais. Imagine uma equipe que acaba de finalizar um projeto desafiador. Ao celebrar essa conquista com um evento, um almoço ou até mesmo um simples reconhecimento em uma reunião, a equipe não apenas se sente valorizada, mas também reforça os laços que a unem. Essas celebrações criam memórias positivas e fortalecem o espírito de equipe.

Outro aspecto importante é o feedback positivo. Líderes que praticam o reconhecimento regular e honesto ajudam a criar um ambiente onde os colaboradores se sentem seguros para expressar suas ideias e opiniões. O feedback deve ser específico, destacando não apenas o que foi feito corretamente, mas também como a contribuição impactou a equipe ou a organização. Essa abordagem não só aumenta a confiança dos colaboradores, mas também promove um ciclo contínuo de melhoria e crescimento.

Neste contexto, convido você a refletir sobre como está reconhecendo as contribuições de sua equipe. Que práticas você pode implementar para garantir que todos se sintam valorizados? Como criar um ambiente onde o reconhecimento seja parte da cultura organizacional? Ao explorar essas questões, você não apenas transforma a dinâmica de sua equipe, mas também contribui para um espaço em que cada colaborador se sinta parte fundamental do sucesso coletivo.

O reconhecimento e a valorização das contribuições são, portanto, práticas essenciais para fomentar um ambiente positivo. Quando os colaboradores se sentem vistos e apreciados, eles não apenas se tornam mais produtivos, mas também se comprometem de maneira mais profunda com a missão da equipe. Vamos, juntos, aprofundar mais sobre como essa prática pode ser aplicada na sua jornada de liderança, criando um impacto positivo e duradouro na vida daqueles que você lidera.

CAPÍTULO 9

A LIDERANÇA EM UM MUNDO DE MUDANÇAS

Fé

"Mas os cuidados deste mundo, os enganos das riquezas e as ambições de outras coisas, entrando, sufocam a palavra, e fica infrutífera".

(Marcos 4:19)

A Necessidade de Adaptabilidade na Liderança

Vivemos em uma era marcada pela velocidade das transformações. O mundo ao nosso redor muda a passos largos, impulsionado por inovações tecnológicas, novas demandas sociais e crises inesperadas. Nesse cenário dinâmico, a adaptabilidade se torna uma habilidade essencial para qualquer líder que deseje não apenas sobreviver, mas também prosperar. Imagine um capitão de navio enfrentando tempestades e ondas furiosas. O sucesso desse capitão não reside apenas em sua capacidade de navegar em águas calmas, mas em sua habilidade de ajustar as velas e mudar a rota diante das adversidades. Assim é a liderança em tempos de mudança.

A adaptabilidade é mais do que uma resposta a circunstâncias externas; é uma mentalidade que envolve flexibilidade, criatividade e a disposição de aprender continuamente. Líderes que se destacam são aqueles que não apenas aceitam as mudanças, mas que as abraçam como oportunidades de crescimento.

Pense em Satya Nadella, CEO da Microsoft. Sob sua liderança, a empresa passou por uma transformação significativa, mudando seu foco de um modelo de software tradicional para um ambiente de nuvem e serviços. Essa transição não aconteceu da noite para o dia, mas foi resultado de uma visão adaptativa que se alinhou às novas exigências do mercado.

Além disso, a adaptabilidade é uma questão de resiliência. Em tempos de incerteza, a capacidade de se recuperar rapidamente de contratempos é crucial. Um líder resiliente não se deixa abater por falhas; ao contrário, ele as vê como lições valiosas. Um exemplo inspirador é Howard Schultz, ex-CEO da Starbucks, que, após uma queda nas vendas e uma crise financeira, não hesitou em reimaginar a experiência do cliente e revitalizar a marca. Essa disposição para se ajustar e inovar não apenas salvou a empresa, mas também a levou a um novo patamar de sucesso.

É importante lembrar que a adaptabilidade não significa agir de forma impulsiva ou sem planejamento. Trata-se de uma abordagem estratégica, na qual o líder analisa as mudanças, avalia suas implicações e, com base nisso, toma decisões informadas. A habilidade de prever tendências e se preparar para o futuro é o que distingue um líder eficaz em um mundo em constante evolução.

Nesse contexto, convido você a refletir sobre sua própria capacidade de adaptação. Como você reage às mudanças em sua vida pessoal e profissional? Está disposto a aprender e se reinventar? Ao cultivar uma mentalidade adaptativa, você não apenas se prepara para enfrentar os desafios, mas também se posiciona como um líder que inspira outros a fazer o mesmo. Afinal, em um mundo de mudanças, a adaptabilidade é a chave que abre as portas para novas oportunidades e conquistas.

Estilos de Liderança em Tempos de Crise

Quando falamos sobre liderança em tempos de crise, é fundamental compreender que não existe um único estilo que funcione para todas as situações. A adaptabilidade torna-se a palavra-chave, e líderes eficazes são aqueles que conseguem ajustar suas abordagens conforme as demandas do momento. Vamos, juntos, explorar alguns estilos de liderança que se destacam em períodos desafiadores.

A liderança transformacional é um dos estilos mais eficazes em tempos de crise. Líderes transformacionais inspiram e motivam suas equipes, promovendo um senso de propósito e pertencimento. Eles não apenas comunicam uma visão clara, mas também envolvem os colaboradores no processo de mudança. Um exemplo notável é Jacinda Ardern, ex-primeira-ministra da Nova Zelândia, que, durante a crise da Covid-19, utilizou uma comunicação empática e transparente para unir o país em torno de medidas de saúde pública. Sua abordagem não apenas gerou confiança, mas também mobilizou a população em um esforço coletivo para enfrentar a pandemia.

Por outro lado, a liderança situacional se destaca pela flexibilidade em ajustar o estilo de liderança de acordo com as circunstâncias. Em tempos de crise, é comum que os líderes precisem ser mais diretos e autoritários em algumas situações, enquanto em outras, uma abordagem mais colaborativa pode ser necessária. O líder deve avaliar o contexto e as necessidades da equipe, adaptando sua estratégia para garantir que todos se sintam apoiados e motivados. Essa habilidade de ler a situação e agir de acordo pode ser a diferença entre o sucesso e o fracasso em momentos críticos.

Além disso, a liderança servidora ganha força em tempos de crise. Esse estilo prioriza o bem-estar da equipe, colocando as necessidades dos colaboradores em primeiro lugar. Líderes servidores se tornam acessíveis e dispostos a ouvir, criando um ambiente em que todos se sentem valorizados. Um exemplo inspirador é o de Howard Schultz, ex-CEO da Starbucks, que sempre enfatizou a importância de cuidar de seus funcionários, especialmente durante momentos desafiadores. Ele acredita que, ao servir sua equipe, os líderes podem cultivar um ambiente de lealdade e comprometimento, resultando em um melhor atendimento ao cliente e, consequentemente, em melhores resultados para a empresa.

Neste cenário, convido você a refletir sobre seu próprio estilo de liderança. Como você se adapta às mudanças e desafios? Que tipo de líder você deseja ser em tempos de crise? Ao explorar essas questões, você não apenas aprimora suas habilidades de liderança, mas também se prepara para guiar sua equipe com eficácia, independentemente das circunstâncias.

Em resumo, a liderança em tempos de crise exige uma combinação de estilos e a capacidade de adaptação rápida. Seja por meio da inspiração, da flexibilidade ou do serviço, o mais importante é manter a equipe unida e motivada. O papel do líder não é apenas direcionar, mas também apoiar e empoderar seus colaboradores, criando um ambiente em que todos possam prosperar, mesmo nas situações mais desafiadoras.

O papel do propósito em tempos de mudança é fundamental para a eficácia da liderança. Imagine-se navegando em um mar revolto, onde as ondas da incerteza e da dúvida ameaçam desestabilizar seu barco. Em momentos como esses, ter um propósito claro é como ter uma bússola apontando para o norte, guiando suas decisões e ações. O propósito não apenas orienta, mas também inspira, criando um sentimento de pertencimento e direção tanto para os líderes quanto para suas equipes.

Organizações que mantêm seu propósito central em tempos de crise tendem a se destacar. Pense na Apple, que, mesmo diante de desafios financeiros, nunca perdeu de vista sua missão de inovar e transformar a tecnologia em algo acessível e intuitivo.

Essa clareza de propósito permitiu que a empresa não apenas sobrevivesse, mas prosperasse, lançando produtos que mudaram o mercado e a vida das pessoas. O mesmo pode ser dito sobre a Patagonia, que, ao se comprometer com a sustentabilidade e a responsabilidade social, conquistou a lealdade de seus clientes e se destacou em um setor competitivo.

É essencial que os líderes reflitam sobre seu próprio propósito e como ele se alinha às necessidades de suas equipes. Pergunte-se: o que realmente motiva você? Quais são os valores que você deseja transmitir? Um líder que vive seu propósito de forma autêntica cria um ambiente em que os colaboradores se sentem encorajados a fazer o mesmo. Essa autenticidade gera confiança, e a confiança é o alicerce de uma equipe coesa e resiliente.

Além disso, o propósito atua como um fator de coesão em tempos de mudança. Quando os membros da equipe compartilham uma visão comum, tornam-se mais propensos a colaborar, a apoiar-se mutuamente e a enfrentar desafios juntos. Em momentos de incerteza, essa união é vital, pois transforma a adversidade em uma oportunidade de crescimento coletivo. Imagine uma equipe de profissionais de saúde enfrentando uma pandemia: aqueles alinhados a um propósito maior, como salvar vidas e cuidar da saúde da comunidade, tendem a trabalhar com mais dedicação e comprometimento.

Neste contexto, convido você a refletir sobre a importância do seu propósito em sua jornada de liderança. Como você pode comunicar esse propósito de forma clara e inspiradora para sua equipe? Quais ações pode tomar para garantir que todos estejam alinhados e motivados a alcançar objetivos comuns? Ao explorar essas questões, você não apenas fortalece sua própria liderança, mas também contribui para um ambiente em que todos se sintam valorizados e engajados.

O propósito é, portanto, uma luz que brilha em meio à escuridão das incertezas. Ao permanecer fiel a ele, você não apenas guia sua equipe, mas também cria um legado duradouro que transcende as mudanças e desafios do presente. Lembre-se: em um mundo em constante transformação, é o propósito que nos mantém firmes, nos impulsiona a agir e nos conecta uns aos outros.

Estratégias Práticas para Liderar em Tempos de Mudança

Em um mundo em que mudanças ocorrem a passos largos, os líderes precisam de estratégias práticas para navegar por essas águas turbulentas. Vamos explorar algumas abordagens que podem fortalecer sua liderança e garantir que sua equipe se mantenha unida e motivada, mesmo diante das incertezas.

A comunicação clara e aberta é fundamental. Em tempos de mudança, é natural que surjam dúvidas e inseguranças. Portanto, como líder, você deve se comprometer a manter um canal de comunicação acessível. Isso significa não apenas compartilhar informações relevantes, mas também ouvir ativamente as preocupações de sua equipe. Estabelecer reuniões regulares, nas quais todos possam expressar suas opiniões e fazer perguntas, cria um ambiente de transparência e confiança. Quando os colaboradores sentem que suas vozes são ouvidas, tornam-se mais propensos a se engajar e a contribuir com soluções.

Outra estratégia eficaz é promover a colaboração e o engajamento da equipe. Em tempos de incerteza, o trabalho em equipe torna-se ainda mais crucial. Incentive a troca de ideias e a cocriação de soluções. Crie grupos de trabalho nos quais diferentes perspectivas possam ser compartilhadas, permitindo que todos contribuam para o processo de tomada de decisão. Essa abordagem não apenas fortalece o vínculo entre os membros da equipe, mas também gera um senso de pertencimento, fazendo com que cada um sinta-se parte da jornada.

Cultivar uma mentalidade de aprendizado contínuo também é essencial. Em um ambiente em constante mudança, a capacidade de aprender e adaptar-se rapidamente é um diferencial. Incentive sua equipe a buscar novas habilidades e conhecimentos. Ofereça treinamentos, workshops e acesso a recursos que possam ajudá-los a se desenvolver. Quando os colaboradores se sentem apoiados em seu crescimento, tornam-se mais resilientes e preparados para enfrentar desafios.

Além disso, é importante celebrar pequenas vitórias ao longo do caminho. Em tempos de mudança, é fácil concentrar-se apenas nas dificuldades e nos obstáculos. No entanto, reconhecer e celebrar os sucessos, mesmo que pequenos, pode ter um impacto significativo na moral da equipe. Organize momentos de celebração em que todos possam apreciar o progresso alcançado. Isso não apenas reforça a motivação, mas também cria um ambiente positivo, em que os colaboradores sentem que suas contribuições são valorizadas.

Por último, mas não menos importante, esteja preparado para o inesperado. A flexibilidade é uma habilidade crucial para qualquer líder. Ao planejar, sempre considere a possibilidade de mudanças de direção. Mantenha-se aberto a ajustar suas estratégias conforme necessário. Isso não significa ser reativo, mas sim ter a capacidade de se adaptar rapidamente às circunstâncias. Um líder que demonstra resiliência diante da adversidade inspira confiança em sua equipe, mostrando que, juntos, podem superar qualquer desafio.

Convido você a refletir sobre como essas estratégias podem ser implementadas em sua própria liderança. Como você pode garantir uma comunicação aberta? Que formas de colaboração você pode promover? Ao adotar essas práticas, você não apenas se posiciona como um líder eficaz, mas também cria um ambiente em que sua equipe se sinta apoiada, motivada e pronta para enfrentar qualquer mudança que vier pela frente. Em um mundo de incertezas, essas estratégias podem ser a chave para o sucesso coletivo e individual.

CAPÍTULO 10

ALINHANDO VALORES PESSOAIS E PROFISSIONAIS

Crescei

Cresçam, porém, na graça e no conhecimento de nosso Senhor e Salvador Jesus Cristo.

(II Pedro 3:18)

A Importância da Autenticidade na Liderança

A autenticidade é um dos pilares mais sólidos que sustentam uma liderança eficaz. Em um mundo repleto de pressões e expectativas externas, ser autêntico é um ato de coragem. Imagine um líder que se apresenta de forma genuína, sem máscaras, compartilhando suas vulnerabilidades e conquistas. Essa transparência não apenas inspira confiança, mas também estabelece um vínculo profundo com a equipe. Quando os colaboradores percebem que seu líder é verdadeiro, sentem-se mais à vontade para expressar suas próprias opiniões e ideias, criando um ambiente de trabalho mais colaborativo e inovador.

Um exemplo notável de autenticidade é o caso de Richard Branson, fundador do Grupo Virgin. Branson é conhecido por seu estilo de liderança informal e por valorizar a individualidade de seus colaboradores. Ele acredita que, ao permitir que as pessoas sejam quem realmente são, a criatividade e a inovação florescem. Essa abordagem não apenas fortalece a conexão entre líder e equipe, mas também promove um ambiente em que todos se sentem valorizados e motivados a contribuir.

A autenticidade também se reflete na tomada de decisões. Líderes que agem de acordo com seus valores pessoais são mais propensos a tomar decisões éticas e justas. Isso gera um efeito cascata: quando a equipe vê seu líder agindo com integridade, sente-se incentivada a fazer o mesmo. A cultura organizacional se torna mais forte e coesa, resultando em maior satisfação e engajamento dos colaboradores.

É importante, porém, que a autenticidade não seja confundida com a falta de profissionalismo. Ser autêntico não significa compartilhar tudo sobre sua vida pessoal, mas sim ser verdadeiro em suas intenções e ações. Um líder autêntico sabe equilibrar suas emoções e vulnerabilidades com a responsabilidade que acompanha sua posição. Ele entende que a autenticidade é uma ferramenta poderosa, mas que deve ser usada com sabedoria.

Neste contexto, convido você a refletir sobre sua própria autenticidade. Você se sente confortável sendo você mesmo em seu ambiente de trabalho? Quais são os valores que guiam suas decisões e ações? Ao explorar essas questões, você não apenas se torna um líder mais autêntico, mas também inspira outros a fazerem o mesmo. A autenticidade é a chave que abre portas para uma liderança mais eficaz e para um ambiente de trabalho mais saudável e produtivo.

Lembre-se: ao alinhar seus valores pessoais à sua prática de liderança, você não apenas se fortalece como líder, mas também contribui para a construção de uma cultura organizacional em que a confiança e a colaboração prosperam. É um caminho que exige coragem, mas os frutos dessa jornada são inestimáveis.

Identificar e definir seus próprios valores é um passo crucial para qualquer líder que busca alinhar sua vida pessoal e profissional. Neste momento, convido você a mergulhar em uma jornada de autoconhecimento. Vamos explorar juntos como você pode descobrir o que realmente valoriza em sua vida e em sua carreira.

Para começar, encontre um lugar tranquilo, onde você possa refletir sem interrupções. Pegue um caderno e uma caneta e escreva a seguinte pergunta: "Quais são os valores que mais importam para mim?" Talvez você já tenha uma ideia, mas reserve um tempo para pensar profundamente sobre isso. Lembre-se de que os valores são as crenças fundamentais que guiam suas ações e decisões. Eles podem incluir integridade, respeito, inovação, empatia, entre outros.

Uma atividade prática que pode ajudar é listar as experiências que mais impactaram sua vida. Pergunte-se: "O que eu aprendi com essas experiências? Que valores emergiram delas?" Por exemplo, se você já passou por uma situação em que teve que defender alguém, isso pode indicar que o respeito e a justiça são valores importantes para você. Ao identificar essas experiências, você começa a construir um mapa pessoal que revela o que realmente importa.

Outra técnica poderosa é a visualização. Feche os olhos e imagine o futuro que você deseja. Pergunte-se: "Quais valores são essenciais para que eu alcance esse futuro?" Essa visualização não apenas ajuda a esclarecer seus objetivos, mas também a entender como seus valores pessoais se conectam ao seu propósito de vida.

Além disso, considere o que você admira em outras pessoas. Quais qualidades você gostaria de incorporar em sua própria vida? Essa reflexão pode trazer à tona valores que você ainda não havia reconhecido. Por exemplo, se você admira alguém por sua coragem, pode perceber que a coragem é um valor que você gostaria de cultivar.

Uma vez que você tenha uma lista de valores, é importante refletir sobre como eles se manifestam em sua vida diária. Pergunte-se: "Estou vivendo de acordo com esses valores? Minhas decisões estão alinhadas com o que considero importante?" Essa autoavaliação é fundamental, pois a discrepância entre seus valores e suas ações pode gerar insatisfação e conflito interno.

Por fim, lembre-se de que seus valores podem evoluir ao longo do tempo. O que é importante para você hoje pode mudar à medida que você cresce e se desenvolve. Portanto, reserve um tempo regularmente para revisar e ajustar sua lista de valores, garantindo que ela sempre reflita quem você é e quem deseja se tornar.

Neste processo de identificação e definição de valores, você não apenas se torna um líder mais autêntico, mas também cria um ambiente propício para que sua equipe faça o mesmo. Ao cultivar um espaço em que todos possam compartilhar e alinhar seus valores, você estabelece uma base sólida para uma liderança eficaz e inspiradora.

A congruência entre vida pessoal e profissional é um tema que ressoa profundamente na jornada de qualquer líder. Quando falamos sobre alinhar valores pessoais e profissionais, é importante entender que essa harmonia não é apenas desejável, mas essencial para a eficácia da liderança. Imagine um maestro regendo uma orquestra: se os músicos não tocam em uníssono, a melodia se torna dissonante. Assim, a congruência entre nossos valores e ações cria uma sinfonia que ressoa tanto na vida pessoal quanto na profissional.

A falta de alinhamento entre esses dois mundos pode gerar conflitos internos que se manifestam em insatisfação e desmotivação. Por exemplo, um líder que valoriza a transparência, mas pratica a desinformação, viverá um dilema ético que pode corroer sua confiança e a de sua equipe. Essa desconexão não apenas afeta a moral, mas também a produtividade e o engajamento dos colaboradores. É como construir uma casa sem uma fundação sólida: a estrutura pode parecer estável, mas qualquer tremor pode ameaçar sua integridade.

Por outro lado, líderes que conseguem alinhar seus valores pessoais com suas práticas profissionais experimentam uma transformação significativa. Eles não apenas se sentem mais realizados, mas também inspiram suas equipes a fazer o mesmo. Um exemplo notável é o de Satya Nadella, CEO da Microsoft, que promoveu uma cultura de empatia e inclusão na empresa. Ao alinhar sua visão pessoal de um local de trabalho mais colaborativo com a missão da Microsoft, ele não apenas revitalizou a empresa, mas também elevou o moral e a produtividade de sua equipe.

Para que essa congruência aconteça, é fundamental que os líderes se dediquem a um processo de autoavaliação contínua. Pergunte-se: "Estou vivendo de acordo com meus valores? Minhas decisões refletem o que realmente acredito?" Essa reflexão não é um evento único, mas um compromisso diário que requer coragem e honestidade. À medida que você se torna mais consciente de suas crenças e como elas se manifestam em suas ações, você começa a criar um ambiente no qual a autenticidade e a integridade prosperam.

Além disso, cultivar um espaço no qual sua equipe possa expressar suas próprias crenças e valores é igualmente importante. Isso não só promove um ambiente de trabalho saudável, mas também fortalece a cultura organizacional. Quando os colaboradores se sentem livres para compartilhar suas opiniões e valores, a criatividade e a inovação florescem, resultando em um desempenho coletivo mais forte.

Por fim, ao trabalhar para garantir que suas ações e decisões estejam em sintonia com seus valores, você não apenas se torna um líder mais autêntico, mas também inspira outros a fazerem o mesmo. A congruência entre vida pessoal e profissional não é apenas uma meta a ser alcançada, mas uma jornada contínua que, quando trilhada com intenção, resulta em uma liderança mais eficaz e gratificante. Em um mundo de mudanças constantes, essa harmonia torna-se um farol que guia tanto você quanto sua equipe em direção ao sucesso.

Estratégias para promover o alinhamento de valores dentro de uma equipe são fundamentais para a construção de um ambiente de trabalho coeso e produtivo. É essencial que os líderes adotem táticas que incentivem a comunicação aberta e a expressão dos valores individuais, criando um espaço no qual todos sintam-se à vontade para compartilhar suas crenças e aspirações.

Uma das estratégias mais eficazes é a realização de reuniões regulares focadas na discussão dos valores da equipe. Nesses encontros, os líderes podem facilitar um diálogo aberto em que cada membro tenha a oportunidade de expressar o que considera importante e como esses valores se conectam com os objetivos da equipe. Isso não apenas promove um entendimento mútuo, mas também reforça o compromisso coletivo com uma cultura organizacional saudável.

Outra abordagem valiosa é a implementação de programas de reconhecimento que celebrem os comportamentos que refletem os valores da equipe. Quando os colaboradores são reconhecidos por suas ações que estão alinhadas com a missão e os princípios da organização, isso não apenas os motiva, mas também inspira os demais a seguirem o mesmo caminho. Trata-se de um ciclo positivo que fortalece a cultura de valores compartilhados.

Além disso, é crucial criar um ambiente seguro para o feedback contínuo. Os líderes devem encorajar a equipe a compartilhar suas opiniões sobre como os valores estão sendo vividos no dia a dia. Essa prática não apenas ajuda a identificar áreas de melhorias, mas também demonstra que a liderança valoriza as contribuições de todos. Um ambiente onde o feedback é bem-vindo é um terreno fértil para o crescimento e a inovação.

Os líderes podem promover workshops e treinamentos que ajudem a equipe a explorar e compreender melhor os valores que guiam a organização. Esses eventos podem incluir atividades interativas que incentivem a reflexão e o diálogo, permitindo aos colaboradores se conectar de maneira mais profunda com os princípios da empresa. Ao entenderem e internalizarem os valores, os colaboradores tornam-se embaixadores da cultura organizacional.

Por fim, é importante que os líderes sejam exemplos vivos dos valores que desejam promover. A congruência entre as ações do líder e os valores da organização é crucial. Quando os colaboradores veem seus líderes agindo de acordo com os princípios que defendem, isso cria um efeito de modelagem, incentivando todos a fazerem o mesmo. A autenticidade na liderança é uma força poderosa, capaz de transformar a dinâmica de uma equipe.

Convido você a refletir sobre como essas estratégias podem ser implementadas à sua liderança. Quais ações podem ser adotadas para garantir que os valores da sua equipe sejam vividos diariamente? Ao cultivar um ambiente que valorize a congruência, você não apenas fortalece sua liderança, mas também contribui para a criação de uma equipe unida e motivada, pronta para enfrentar os desafios com um propósito claro.

CAPÍTULO 11

CRIANDO UM LEGADO DURADOURO

Liberdade

Não useis, porém, da liberdade para dar ocasião à carne, mas sirvam uns aos outros pela caridade.

(Gálatas 5:13)

O que é um legado? Essa pergunta pode parecer simples à primeira vista, mas, ao aprofundarmos, percebemos que a resposta é repleta de nuances e significados profundos. Um legado não se resume a bens materiais ou conquistas visíveis; ele abrange a essência do que deixamos para trás, os valores que transmitimos e as vidas que tocamos. É a marca indelével que deixamos no mundo e nas pessoas ao nosso redor, uma herança que se estende muito além de nossa existência física.

Quando falamos em legado, é importante distinguir entre o legado intencional e o acidental. O legado intencional é aquele que construímos conscientemente, alinhando nossas ações e decisões com nossos valores e propósitos. É o resultado de uma reflexão profunda sobre o impacto que desejamos ter e as mudanças que queremos ver no mundo. Por outro lado, o legado acidental é o que deixamos sem um planejamento ou uma intenção clara, muitas vezes moldado pelas circunstâncias da vida e pelas escolhas que fazemos sem pensar nas consequências a longo prazo.

Nesse contexto, a responsabilidade de cada líder é imensa. Ações, decisões e interações têm o potencial de moldar o legado que deixamos. Pense em como suas palavras e atitudes podem inspirar ou desmotivar aqueles ao seu redor. Um líder que se dedica a cultivar um legado positivo não apenas se preocupa com o presente, mas também se projeta no futuro, considerando como suas ações impactarão as próximas gerações.

O impacto de um legado é profundo. Um legado positivo pode transformar vidas, inspirar mudanças e criar um efeito cascata que ressoa em toda a sociedade. Quando líderes se comprometem a deixar um legado que promove valores como empatia, integridade e inovação, eles não apenas influenciam suas equipes, mas também contribuem para a construção de comunidades mais fortes e coesas. Imagine um líder que, ao longo de sua jornada, investe tempo e energia para capacitar outros, compartilhando conhecimentos e experiências. Esse líder está, de fato, plantando as sementes de um legado que florescerá por muitos anos.

Refletir sobre o legado que desejamos deixar é um exercício poderoso. Pergunte a si mesmo: "O que quero que as pessoas lembrem de mim? Que valores desejo que sejam perpetuados por aqueles que eu inspirei?" Ao se engajar nessa reflexão, você começa a moldar a narrativa de sua vida e liderança. Cada escolha que faz, cada interação que tem, pode ser uma oportunidade de construir um legado que ressoe com suas convicções mais profundas.

Neste capítulo, convido você a explorar a profundidade do conceito de legado e a considerar como suas ações diárias podem contribuir para o futuro que deseja construir. Trata-se de uma jornada de autodescoberta e responsabilidade, na qual cada passo dado contribui para a construção de um legado duradouro e impactante.

Exemplos de legados inspiradores são fundamentais para evidenciar como líderes podem deixar marcas duradouras na sociedade. Vamos explorar algumas histórias que ilustram essa capacidade transformadora.

Thomas Edison, um dos inventores mais prolíficos da história, revolucionou a forma como vivemos com suas invenções, como a lâmpada elétrica, mas também deixou um legado de inovação e perseverança. Edison acreditava que o fracasso era apenas uma etapa no caminho para o sucesso. Ele disse certa vez: "Eu não falhei. Apenas descobri 10.000 maneiras que não funcionam." Essa mentalidade de resiliência e determinação é um exemplo poderoso para líderes que desejam cultivar um ambiente de inovação em suas equipes. Ao encorajar a experimentação e a aceitação do erro como parte do processo criativo, Edison inspirou gerações a pensar de forma diferente e a não desistir diante das dificuldades.

Outro exemplo marcante é o de Abraham Lincoln, que, em meio a uma das crises mais severas da história americana – a Guerra Civil –, liderou o país com uma visão clara de unidade e igualdade. Seu legado é marcado pela abolição da escravidão e pela promoção dos direitos civis. Lincoln acreditava na importância de ouvir diferentes vozes e buscou construir uma nação em que todos tivessem a oportunidade de prosperar. Sua habilidade de unir pessoas em torno de um propósito comum, mesmo em tempos de divisão, serve como um exemplo de liderança empática e inclusiva. O legado de Lincoln nos ensina que líderes eficazes não apenas direcionam, mas também se dedicam a entender e valorizar as experiências dos outros.

Henry Ford, por sua vez, revolucionou a indústria automotiva, transformando a maneira como os produtos eram fabricados. Ele introduziu a linha de montagem, que não apenas aumentou a eficiência mas também tornou os automóveis acessíveis a uma parcela maior da população. Ford acreditava que o sucesso não era apenas sobre lucro, mas também sobre o impacto que suas ações tinham na vida das pessoas. Seu legado é um testemunho de como a inovação pode ser aliada à responsabilidade social. Ford nos mostra que um líder deve ter a visão de não apenas criar produtos, mas também de criar um mundo melhor para todos.

Esses exemplos nos oferecem lições valiosas sobre o que significa deixar um legado. Cada um desses líderes enfrentou desafios significativos, e, por meio de sua visão e determinação, conseguiram moldar o futuro de suas comunidades e, em muitos casos, do mundo. Ao refletirmos sobre o legado que desejamos deixar, é essencial considerar nossas decisões, ações diárias e a maneira como tratamos os outros podem impactar as gerações futuras.

Convido você a pensar: "Que tipo de legado quero deixar?" Ao considerar essa questão, lembre-se de que cada pequena ação conta. A forma como você lidera sua vida e influencia aqueles ao seu redor pode se tornar uma parte significativa de um legado que perdurará muito além de sua própria existência. É hora de agir com intenção, ser um exemplo e de inspirar outros a seguir o mesmo caminho. O legado que você constrói hoje pode ser a luz que guiará muitos no futuro.

Construindo seu próprio legado é um convite à reflexão e à ação. Ao pensar sobre o que você deseja deixar como herança, é fundamental considerar os valores e princípios que guiarão sua jornada. Que impacto você quer ter na vida das pessoas ao seu redor? Para ajudá-lo nesse processo, proponho algumas atividades práticas que podem iluminar seu caminho.

Primeiramente, reserve um momento tranquilo para pensar sobre sua vida até agora. Quais são as suas maiores conquistas? Anote-as. Em seguida, reflita sobre as lições que aprendeu ao longo do caminho. Que valores emergiram dessas experiências? Por exemplo, ao superar um desafio significativo, você pode ter descoberto a importância da perseverança ou da empatia. Esses insights são fundamentais para a construção do seu legado.

A segunda atividade envolve a visualização. Imagine-se no futuro, tendo atingido seus objetivos e deixado um legado positivo. O que você gostaria que as pessoas dissessem sobre você? Quais valores você gostaria que fossem lembrados? Esse exercício não apenas ajuda a esclarecer suas aspirações, mas também a conectar seus valores ao impacto que deseja causar.

Além disso, considere o que você admira em outras pessoas. Quais dessas qualidades você gostaria de incorporar em sua vida? Se você se inspira em alguém pela sua generosidade ou coragem, talvez esses sejam valores que você deseje cultivar em sua própria jornada. Ao identificar essas qualidades, você pode começar a moldar seu legado de forma mais intencional.

Uma vez que você tenha uma lista de valores e propósitos, é hora de criar um plano de ação. Pergunte a si mesmo: "Quais passos posso dar hoje para começar a construir o meu legado?" Isso pode incluir ações simples, como mentorar alguém, se envolver em projetos comunitários ou simplesmente viver de acordo com seus princípios diariamente. Cada pequeno gesto conta e se acumula, contribuindo para o legado que você deseja deixar.

Por fim, lembre-se de que a construção de um legado é uma jornada contínua. À medida que você cresce e evolui, seus valores e propósitos podem mudar. É vital revisar regularmente suas reflexões e ajustar seu plano de ação, conforme necessário. Essa flexibilidade garantirá que seu legado permaneça alinhado com quem você é e com o impacto que deseja ter.

Nesse processo, não subestime o poder da comunidade. Envolver-se com outras pessoas que compartilham seus valores pode amplificar seu impacto. Juntos, vocês podem criar um legado coletivo que ressoe ainda mais forte. Ao cultivar um espaço onde todos possam expressar suas crenças e aspirações, você não apenas fortalece seu próprio legado, mas também inspira outros a fazerem o mesmo.

Convido você a dar os primeiros passos nessa jornada de autodescoberta e construção do seu legado. Ao refletir sobre suas experiências, valores e aspirações, você se prepara para deixar uma marca duradoura no mundo. Lembre-se: cada ação conta e, ao viver de forma intencional, você se torna um agente de mudança, pronto para inspirar e impactar as vidas ao seu redor.

O legado e a comunidade são intrinsecamente interligados, formando uma teia de interações que molda não apenas o que deixamos, mas também como somos lembrados. Quando falamos sobre deixar um legado, é essencial entender que ele não se limita às nossas ações individuais, mas se expande para incluir o impacto que temos nas vidas das pessoas ao nosso redor. Um legado coletivo é construído quando líderes se envolvem ativamente em suas comunidades, trabalhando em prol de causas que refletem seus valores e propósitos.

Engajar-se em causas sociais é uma maneira poderosa de amplificar o impacto do seu legado. Imagine um líder que decide dedicar parte de seu tempo e recursos a uma organização sem fins lucrativos que luta contra a pobreza. Essa ação não apenas beneficia a comunidade, mas também inspira outros a se unirem a essa causa. O efeito é multiplicador: cada pessoa envolvida traz consigo suas próprias experiências e habilidades, criando um movimento que pode transformar vidas. É por meio dessa interconexão que o verdadeiro poder do legado se revela.

Um exemplo inspirador é o trabalho de Malala Yousafzai, que se tornou uma voz global pela igualdade educacional após sobreviver a um ataque por defender a educação de meninas,. O legado que Malala está construindo não é apenas sobre sua história pessoal, mas sobre a mudança que está promovendo em todo o mundo. Ao se envolver ativamente em causas que ressoam com seus valores, ela não apenas deixa uma marca indelével, mas também empodera milhões a se levantarem por seus direitos. Essa é a essência de um legado que transcende o indivíduo e se torna um movimento coletivo.

Para os líderes, o engajamento social é uma oportunidade de conectar suas ações ao bem-estar da comunidade. Isso pode se manifestar de várias maneiras, como mentorias, voluntariado ou até mesmo a criação de programas que atendam às necessidades locais. Cada interação se torna uma chance de ensinar, inspirar e moldar o futuro. Quando os líderes se comprometem a agir, eles não apenas fortalecem suas comunidades, mas também solidificam seu próprio legado.

Além disso, a importância de inspirar outros a seguir o mesmo caminho não pode ser subestimada. Quando um líder demonstra um compromisso genuíno com causas sociais, ele cria um efeito dominó. Outros são motivados a se envolver e a se tornarem agentes de mudança em suas próprias comunidades. Essa dinâmica não só enriquece o legado do líder, mas também constrói uma rede de indivíduos dedicados a fazer a diferença. É uma bela sinfonia de esforços que ressoa por gerações.

Convido você a refletir sobre como suas ações podem impactar sua comunidade. Quais causas são importantes para você? De que forma é possível se envolver e fazer a diferença? Ao se tornar um agente ativo de mudança, você não apenas constrói um legado duradouro, mas também inspira outros a se unirem a você nessa jornada. Seu legado é, em última análise, uma extensão de quem você é e do impacto que deseja ter no mundo.

A construção de um legado duradouro é um caminho que exige comprometimento e ação. Ao se engajar em causas que ressoam com seus valores, você não apenas transforma vidas, mas também se torna parte de algo maior. Lembre-se de que cada pequeno gesto conta. Ao cultivar uma mentalidade de serviço e liderança, você se torna uma fonte de inspiração e deixa uma marca indelével na história de sua comunidade e além.

# CAPÍTULO 12

CONCLUSÃO – A JORNADA CONTINUA

Cuidados

Não vos inquieteis, pois, pelo dia de amanhã, porque o dia de amanhã cuidará de si mesmo.

(Mateus 6:34)

Ao final desta jornada, é essencial refletir sobre os passos que percorremos juntos. Cada capítulo deste livro nos levou a explorar a essência da liderança e do propósito, revelando as chaves fundamentais que podem transformar nossas vidas e as de quem nos cerca. A intersecção entre fé, foco e força foi o fio condutor que nos guiou, mostrando que, para sermos líderes eficazes, precisamos cultivar esses elementos em nosso cotidiano.

Revisitamos a ideia de que a fé não é apenas uma crença abstrata, mas um motor que nos impulsiona a agir, mesmo diante das adversidades. A fé nos ensina resiliência e coragem, qualidades necessárias para enfrentar desafios, lembrando-nos de que cada obstáculo é uma oportunidade de crescimento. Ao olharmos para os exemplos de líderes como Thomas Edison e Abraham Lincoln, percebemos que a fé em si e em seus propósitos foi o que os levou a alcançar feitos extraordinários.

O foco, por sua vez, é como uma bússola que nos orienta em meio a distrações e incertezas. Manter a mira no nosso objetivo é crucial para a realização de nossas metas. Ao longo do livro, discutimos técnicas práticas para desenvolver essa habilidade, mostrando que o foco não é apenas uma questão de disciplina, mas também de clareza em relação ao que realmente desejamos conquistar. Cada um de nós tem a capacidade de direcionar sua energia para o que importa, e essa escolha é fundamental para construirmos um legado significativo.

A força, tanto mental quanto emocional, é o que nos permite persistir quando as circunstâncias se tornam desafiadoras. Aprender a cultivar a resiliência é um dos principais ensinamentos que trouxemos à tona. Por meio das histórias de superação de líderes icônicos, entendemos que a verdadeira força não está na ausência de dificuldades, mas na capacidade de enfrentá-las e superá-las. Essa força nos conecta a um propósito maior e nos lembra de que fazemos parte de uma jornada coletiva.

À medida que refletimos sobre essas lições, é importante lembrar que a liderança não é um destino, mas um caminho contínuo de autodescoberta e crescimento. Cada passo dado e cada escolha feita contribuem para o legado que deixamos. Esse legado se constrói não apenas por meio de nossas conquistas pessoais, mas também pelo impacto que exercemos sobre os outros.

Neste momento de conclusão, convido você a olhar para sua própria jornada. Quais aprendizados você levará consigo? De que forma você aplicará as lições de fé, foco e força em sua vida diária? A liderança é uma responsabilidade que cada um de nós carrega e, ao abraçá-la, temos a oportunidade de inspirar e capacitar aqueles que estão ao nosso redor.

A jornada da liderança e propósito é repleta de desafios e recompensas. Ao longo deste livro, espero que você tenha encontrado inspiração e ferramentas práticas para se tornar um agente de mudança em sua comunidade. Lembre-se: cada pequeno gesto tem um impacto significativo. Ao viver com intenção e propósito, você não apenas transforma sua própria vida, mas também acende a chama da transformação nas vidas de outros.

Portanto, ao fechar este livro, leve consigo a certeza de que a jornada continua. Cada dia é uma nova oportunidade para crescer, aprender e impactar positivamente o mundo. Que você tenha fé em suas capacidades, foco em seus objetivos e força para enfrentar qualquer desafio que surgir. O legado que você constrói começa agora, e o futuro está em suas mãos.

A liderança é uma jornada que transcende o individualismo e se entrelaça com a coletividade. Quando falamos sobre o impacto pessoal e coletivo da liderança, é fundamental reconhecer que cada um de nós possui um papel significativo na construção de um legado que vai além de nossas próprias vidas. A verdadeira essência da liderança reside na capacidade de inspirar e capacitar aqueles que nos cercam, criando um efeito dominó que pode transformar comunidades inteiras.

Imagine um líder que, em vez de se concentrar apenas em suas conquistas pessoais, dedica tempo e energia para desenvolver as habilidades de suas equipes. Esse líder não apenas almeja o sucesso individual, mas busca o crescimento coletivo. Ao investir na formação e no empoderamento dos outros, ele cria um ambiente em que todos se sentem valorizados e motivados a contribuir. Essa abordagem não apenas fortalece a equipe, mas também gera um impacto duradouro na cultura organizacional.

Exemplos de líderes que impactaram suas comunidades são abundantes. Nelson Mandela, por exemplo, liderou a luta contra o apartheid na África do Sul, desafiando um regime opressivo e inspirando uma nação a sonhar com um futuro de igualdade e justiça. Mandela compreendeu que sua luta não era apenas por si mesmo, mas por todos os marginalizados. Seu legado é um testemunho do poder da liderança coletiva, mostrando que, quando nos unimos em torno de um propósito comum, podemos alcançar mudanças significativas.

Outro exemplo é o trabalho de Wangari Maathai, ativista ambiental e vencedora do Prêmio Nobel da Paz. Ela fundou o Movimento Cinturão Verde, que não apenas promoveu a plantação de árvores no Quênia, mas também empoderou mulheres e comunidades a se tornarem agentes de mudança em suas próprias vidas. Por meio de sua liderança, Maathai demonstrou que a transformação social e ambiental pode ocorrer quando as pessoas se reúnem em torno de uma causa maior do que elas mesmas.

Essas histórias nos ensinam que a liderança é uma responsabilidade que deve ser compartilhada. Cada um de nós tem a capacidade de influenciar positivamente aqueles ao nosso redor. Ao adotarmos uma mentalidade de serviço e compromisso com o bem-estar coletivo, podemos criar um legado que perdure por gerações. Cada ação que tomamos, por menor que seja, pode ter um impacto profundo na vida de outra pessoa.

Portanto, convido você a refletir sobre como pode se tornar um agente de mudança em sua comunidade. Que tipo de legado você deseja deixar? Como suas ações diárias podem inspirar outros a se unirem a você nessa jornada? Ao reconhecer que a liderança é uma via de mão dupla, na qual todos têm algo a oferecer, você se torna parte de um movimento maior, capaz de transformar não apenas a sua vida, mas também a de muitas outras pessoas. A jornada continua, e cada passo que você dá é uma oportunidade de impactar o mundo de maneira positiva.

A importância da reflexão contínua não pode ser subestimada na jornada de liderança e autodescobrimento. À medida que avançamos em nossas vidas, enfrentamos experiências que nos moldam e nos desafiam. Cada situação, seja ela positiva ou negativa, oferece uma oportunidade única de aprendizado. Portanto, é fundamental que nos dediquemos a um processo constante de autoavaliação, permitindo que nossas experiências nos guiem em direção ao crescimento pessoal e profissional.

Uma prática eficaz para cultivar essa reflexão é manter um diário de liderança. Ao registrar seus pensamentos, sentimentos e as lições aprendidas ao longo do dia, você cria um espaço para analisar suas ações e decisões. Essa prática não apenas ajuda a esclarecer suas ideias, mas também serve como um recurso valioso para revisitar momentos significativos e identificar padrões que podem ser aprimorados. Pergunte a si mesmo: "O que fiz hoje para me aproximar do meu propósito? O que poderia ter sido diferente?" Essas perguntas podem abrir portas para insights profundos.

Além disso, participar de grupos de discussão pode enriquecer sua jornada de reflexão. Compartilhar experiências com outros líderes cria um ambiente de aprendizado colaborativo. As diferentes perspectivas que emergem dessas conversas podem iluminar aspectos que você talvez não tenha considerado. Ao ouvir as histórias e desafios dos outros, você pode encontrar inspiração e novas abordagens para sua própria liderança.

O feedback contínuo é outro componente essencial desse processo. Buscar opiniões honestas de colegas, mentores ou membros da equipe pode proporcionar uma visão valiosa sobre como suas ações são percebidas. Esteja aberto a críticas construtivas e use-as como uma ferramenta para aprimorar suas habilidades. Lembre-se de que a liderança não é estática; ela evolui à medida que você se adapta e cresce. O feedback é um catalisador para essa evolução.

É importante também entender que a reflexão não deve ser uma atividade isolada. Ao integrar momentos de reflexão em sua rotina diária, você cria um hábito que se torna parte de sua identidade como líder. Reserve um tempo ao final de cada dia para revisar suas ações e emoções. Ao fazer isso, você não apenas se torna mais consciente de suas decisões, mas também se alinha continuamente com seus valores e propósitos.

A liderança é uma jornada em constante evolução, e a reflexão contínua é a chave para garantir que você permaneça no caminho certo. Ao cultivar essa prática, você se torna um líder mais consciente, capaz de se adaptar e crescer em resposta aos desafios que surgem. Cada reflexão o aproxima de seu verdadeiro eu e do legado que deseja deixar. Portanto, abrace a importância da reflexão e permita que ela guie sua jornada de liderança, ajudando você a se tornar a melhor versão de si mesmo a cada dia.

Neste momento final, queremos deixar um convite à ação e ao crescimento. A jornada que você percorreu até aqui não é apenas uma coleção de ideias e reflexões, mas um chamado vibrante para que você se torne um agente de mudança em sua própria vida e na vida de quem o cerca. As lições de fé, foco e força que você absorveu ao longo deste livro não devem ser apenas memoráveis, mas sim aplicáveis no seu dia a dia.

Chegou o momento de transformar conhecimento em prática. Pense em como você pode implementar esses conceitos em sua rotina. Quais pequenas ações você pode adotar hoje que o aproximarão do legado que deseja construir? O verdadeiro crescimento acontece quando colocamos em prática o que aprendemos. Considere, por exemplo, como a fé pode se manifestar em sua vida. Pode ser por meio de um projeto que você sempre quis realizar, mas hesitou em começar. Tenha a coragem de dar o primeiro passo, mesmo que pareça pequeno. A fé não é a ausência de medo, mas a decisão de seguir em frente, apesar dele.

O foco é outro aspecto crucial. Em um mundo repleto de distrações, manter a atenção no que realmente importa pode ser desafiador. Reserve um tempo diariamente para refletir sobre suas prioridades. Questione-se: o que realmente merece sua energia e dedicação? Crie um plano que o ajude a manter seu foco para seus objetivos. Isso pode incluir estabelecer metas de curto e longo prazo, criando um quadro de visualização ou até mesmo limitando o tempo que você passa em atividades que não contribuem para seu crescimento.

A força que você desenvolveu ao longo desta leitura é uma ferramenta poderosa. Lembre-se de que a resiliência é construída por meio das experiências, e cada desafio enfrentado é uma oportunidade de crescimento. Ao se deparar com dificuldades, pergunte a si mesmo: "O que posso aprender com isso?" Essa mentalidade transformadora não apenas o ajudará a superar obstáculos, mas também o preparará para inspirar outros ao seu redor.

Desafios práticos são essenciais para que você possa colocar em ação esses princípios. Que tal se comprometer a realizar uma ação específica a cada semana? Pode ser algo simples, como ajudar um colega de trabalho, participar de um projeto comunitário ou até mesmo dedicar tempo para ouvir alguém que precise de apoio. Cada gesto conta e, ao se envolver ativamente, você não apenas molda seu próprio legado, mas também inspira outros a fazerem o mesmo.

Por fim, lembre-se de que a jornada da liderança e do propósito é contínua. Ela não tem um ponto final, mas sim um caminho repleto de oportunidades para aprender e crescer. Ao abraçar essa jornada, você se torna parte de algo maior: um movimento que busca impactar positivamente o mundo. Leve consigo a certeza de que cada passo dado em direção ao seu objetivo é um passo em direção a um futuro melhor, não apenas para você, mas para todos ao seu redor.

Portanto, ao encerrar este livro, faça um compromisso consigo mesmo: seja um líder ativo, viva com propósito e nunca subestime o poder de suas ações. A jornada continua, e o futuro, estão em suas mãos.

Queridos leitores,

Ao chegarmos ao final desta jornada, quero expressar minha profunda gratidão por vocês terem me acompanhado nas páginas deste livro. A liderança é uma arte que se molda e se transforma a cada experiência vivida. Espero que as reflexões e ensinamentos aqui compartilhados tenham tocado seu coração e despertado uma nova perspectiva sobre o papel que cada um de nós pode desempenhar em nossas vidas e nas vidas dos outros.

Lembrem-se de que ser um líder não é apenas ocupar uma posição de autoridade; é ter a coragem de inspirar, motivar e guiar aqueles ao nosso redor. A fé, o foco e a força são aliadas poderosas nessa jornada. Que vocês possam cultivar cada uma dessas qualidades, tanto nos momentos de sucesso quanto nos desafios que a vida inevitavelmente traz.

Ao aplicar os conceitos discutidos, convido vocês a se tornarem agentes de mudança em suas comunidades, deixando um legado que transcenda o tempo e influenciando positivamente as vidas que cruzam seu caminho. Lembrem-se: cada pequeno gesto pode ter um impacto gigantesco.

A jornada da liderança é contínua e cheia de oportunidades. Que vocês sigam sempre em busca de crescimento, reflexão e aprendizado. Estou empolgado para ver como cada um de vocês irá aplicar esses ensinamentos e criar um mundo mais inspirador e colaborativo.

Com carinho e gratidão,

Adão Barros

Na intimidade do ser

Revesti-vos, pois, como eleitos de Deus, santos e amados, de entranhas de misericórdia, de benignidade, humildade, mansidão, longanimidade, suportando-vos uns aos outros e perdoando-vos uns aos outros, se algum tiver queixa contra outro; assim como Cristo vos perdoou, assim fazei vós também. E, sobre tudo isto, revesti-vos de amor, que é o vínculo da perfeição.

(Colossenses 3:12)